Bienvenue à Eden

Le projet Eden a été conçu lorsque l'environnemei
à l'ordre du jour et que les environnementalistes c
revêtus du manteau des prophètes de l'Ancien Tes
professaient des catastrophes bibliques. Puis souc
le monde s'est réveillé. Les incendies de forêts gigantesques
d'Indonésie et du bassin amazonien, « Une vérité qui dérange »
d'Al Gore, le rapport Stern, les débats houleux des politiciens
lors de la Conférence de Bali, l'ouragan Katrina, la disparition
de la calotte glacière de l'Arctique ... tous ces évènements ont
amené les changements climatiques sur le devant de la scène.
Au cours de ces trois dernières années, nous avons assisté à une vague de changements
de direction de la part des entreprises, au gouvernement acceptant de réduire les
émissions de CO_2 de 80% pour 2050, et ainsi de suite. Le chaos financier actuel ressemble
autant à un symptôme qu'à n'importe quoi d'autre. Mais que faire ?

Eden est synonyme d'optimisme et de possibilité de changement. Il s'agit de la
fragilité de la certitude et des pieds d'argile dont nous souffrons tous, mais c'est
aussi une question d'attitude. Notre attitude est simple et elle infuse tout ce que nous
faisons. Venez ici et souvenez-vous des liens qui nous unissent à la nature et dont nous
dépendons pour tous nos besoins. Nos travaux avec les communautés britanniques et
étrangères démontrent la rapidité à laquelle les changements peuvent se produire, lorsque
les gens travaillent ensemble et comprennent qu'en « partageant » nous devenons plus
que la somme de ce que nous sommes séparés. Au moment de la rédaction, Eden se fait le
champion d'un projet appelé le « Big Lunch » (grand déjeuner). Nous demandons à tout
le monde habitant au Royaume-Uni de faire une pose pour un jour – samedi 19 juillet –
de faire connaissance avec leurs voisins, de prendre le déjeuner dans la rue et de
contribuer ainsi à leur communauté. Nous voulons créer un moment dont le monde se
souvienne, puis nous voulons recommencer l'année suivante, et tous les ans qui suivent –
Nous pouvons faire tant de choses ensemble.

Ces biomes que vous voyez, ces plantes magnifiques et ces objets d'art qui les
accompagnent, les artéfacts et les artifices sont simplement ici pour nous inspirer et
nous rappeler que lorsque nous travaillons avec le grain de la nature, sa générosité doit
nous rendre humble face au miracle des systèmes de vie qui nous fournissent sur cette
merveilleuse planète qui est la nôtre. Nous devons en tirer du courage et aussi nous poser
la question : qu'est-ce qui nous rend heureux ? Eden n'est pas une enclave bohémienne
en dehors du monde, il est peuplé de réalistes qui osent rêver et poser cette question.
Bien que nous vivions probablement les plus grands enjeux de notre histoire, je pense
que nous avons été créés pour cet instant. Je me demande si vous allez pouvoir
déambuler autour d'Eden, et pour un instant vous défaire de la peau de notre expérience
urbaine – et réaliser que ce que la nature fournit et démontre est un modèle qui demande
à être redécouvert. Nous nous appelons *Homo sapiens* - l'hominidé sage. Sommes-nous
dignes de ce nom ? Si vous ne connaissez pas la réponse, appelez un ami.

eden project

An Educational Charity

Eden ... un théâtre vivant de plantes et de gens :

- **Un projet** : des travaux en cours mettant de nouvelles idées à l'essai

- **Une expérience en communication** et en éducation publique

- **Un lieu de rencontre** où les discussions sont susceptibles d'aboutir à quelque chose : **un catalyseur de changement**

- **Un jardin global** regorgeant d'expositions **explorant notre place dans la nature**

- **Une scène** pour exposer nos travaux et ceux des autres, réunissant science, art, technologie et commerce

- **Partager des idées** avec **des organisations du monde entier,** échange des connaissances

- **Investir** dans **des programmes et des projets** qui font une différence

- **Travailler** avec **les communautés locales**

- **Explorer le développement durable** – démontrer comment gérer une entreprise de manière durable

- **Construire une entreprise sociale** – démontrer comment les secteurs public et privé peuvent oeuvrer ensemble

- **Explorer la manière dont nous pouvons travailler ensemble pour un avenir meilleur**

Construit dans une ancienne carrière de kaolin ... pour démontrer ainsi que les environnements dégradés peuvent être régénérés.

Colonisé par des plantes ... pour démontrer que nous faisons tous partie intégral de la nature et que nous n'en sommes pas séparés.

Un symbole d'espoir ... pour démontrer ce qui peut être accompli lorsque les gen travaillent ensemble.

En explorant comment conserver l'environnement qui nous maintient tous ... pour survivre et prospérer !

1999

Aujourd'hui

La Scène   Le Biome Tropical   Le Link

Le site et la planification de votre journée

Lieux à explorer

Bienvenue dans notre jardin global. Trouvez ici les plantes qui nous fournissent nos aliments, carburants, médicaments et matériaux. Explorez les environnements naturels du monde et découvrez comment ils nous maintiennent en vie. Appréciez l'art et l'architecture, inspirés par la nature, et des histoires de gens du monde entier qui oeuvrent pour des changements positifs. Découvrez plus en profondeur l'esprit humain et l'attitude 'can do'. N'hésitez pas à vous plonger dans nos livres, à consulter notre site internet et ailleurs dans le vrai monde.

Plant Takeaway (alias le chat mort)

Ne ratez pas cette exposition au centre d'accueil. Elle montre ce qui arriverait si toutes les plantes que nous utilisons quotidiennement disparaissaient.

Le Biome Méditerranéen   Le Core   Ascenseur du Core/
Centre d'accueil

Restauration

Choisissez parmi l'éventail de cafés se trouvant sur le site,
chacun d'eux possède une saveur et une histoire distincte. La
nourriture est fraîche, saine et provient de sources responsables
(biologique, Fairtrade et/ou locale dans la mesure du possible).
Nous cuisinons pour tous : végétarien, végétalien, carnivore,
régime sans gluten. Munissez-vous d'un dépliant 'Food Trail'
(piste des aliments) pour retracer votre nourriture d'une
fourchette à une autre (cherchez les symboles ⊕).

Shopping

Ce que nous vendons est lié à votre voyage : livres sur l'Eden
Project, nourriture délicieuse, produits recyclés magnifiques et
vêtements pour tous les âges, fabriqués sans endommager
l'environnement. Notre magasin vend beaucoup de plantes que nous faisons pousser
ici, afin que vous puissiez commencer votre propre Eden une fois de retour à la maison.

Déplacements

Si vous ne désirez pas marcher, prenez donc le
Land Train (petit train) pour vous faciliter les
déplacements entre le centre d'accueil et la
fosse. Si vous avez besoin d'aide, adressez-vous
à l'un des membres de l'Équipe Eden. Nous
avons des chaises roulantes disponibles sur le
principe du premier arrivé, premier servi, et une
excellente équipe de bénévoles prêts
à vous porter main forte.

5

Programme de spectacles live

Il y a toujours quelque chose de nouveau à faire. Notre programme saisonnier comporte de la musique live, des ateliers marrants, des expositions inhabituelles et stimulantes, des bals, des clubs gastronomiques et des opportunités d'apprendre quelque chose de nouveau, des techniques de survie à l'arrangement floral et de la culture de vos propres légumes à l'impression de tee-shirts. Quel que soit votre age, vous trouverez quelque chose qui vous convient. Voir notre site *www.edenproject.com/whats-on* pour consulter le dernier programme. Voici un aperçu de ce qui s'est passé et de ce qui va se passer en 2009/10.

Programme saisonnier

Printemps

Collection de printemps avec le défilé de mode de la nature

Du printemps à l'été

Explosion de couleurs : PLEIN de pinceaux, PLEIN de peinture, PLEIN de fun pour les vacances de Pâques.

Global Garden Party : un jardin global en fleur, plus les ficelles du métier pour jardiniers guérilleros rêvant d'être célèbres. Over Whitsun, tous les plaisirs de la fête de la Pentecôte.

Été

Avez-vous en vous la force de survivre ? Construisez une cabane, faites de la musique, faites du feu ... des amusements de plein air pour tous – plus le grand festival de la bière Eden

Automne

Global Harvest Party ... et Halloween. A vous faire froid dans le dos !

Hiver

Le temps des cadeaux : le pays enchanté hivernal d'un romantisme suprême avec patinoire, marchés, conteurs, vin chaud – et la plus grande forêt tropicale en captivité. Les activités continuent durant le mois de janvier et les vacances de février.

Spectacles payants

Les Eden Sessions (juin–juillet)

Cette année : Oasis, Kasabian, les Kooks et Razorlight. A qui le tour ? Visitez régulièrement notre site *www.edensessions.com* pour en connaître les détails. Pour obtenir des billets prioritaires, adhérez au club Inside Track Premium Membership (£15 – 2 tickets de garantis/ réservés pour 7 jours avant leur mise en circulation) ou au club Inside Track Standard Membership (£10 – ticket non garanti, premier arrivé, premier servi).

Faisons la fête

Évènements spéciaux d'Eden et fêtes à thème, comme le Mini Monsters Ball pour les enfants et le Venetian Valentines Ball pour les adultes, plus des clubs gastronomiques saisonniers et des 'garden party'.

Le premier vendredi du mois, nos soirées Arts Café soutiennent le meilleur de l'art, de la musique live, des films excentriques, de la bonne bouffe et des collaborations communautaires.

Mini Monsters Ball

Évènements et hospitalité

Et, il va de soit que vous pouvez louer Eden pour y organiser votre propre évènement spécial. *www.edenproject.com/hire*

Une expérience en communication et en éducation publique

Nous espérons que l'expérience que vous ferez à Eden sera personnelle, pertinente et matière à réflexion : un voyage de découverte.

Le XXIe siècle génère énormément d'enjeux : l'augmentation des coûts énergétiques, le déplacement et l'augmentation des populations, l'extinction de la faune et de la flore, les problèmes de sécurité alimentaire et les fluctuations économiques, le tout sur un fond de changement climatique. Nous ne pouvons même pas commencer à anticiper les surprises que cela nous réserve et les transformations qu'il nous faudra endurer. Nous savons que ces enjeux vont demander le meilleur de nous tous : notre créativité, ingénuité, compréhension, science, technologie, entreprise, humanité et notre habilité à maintenir des communautés saines et des sociétés résilientes. Nous savons aussi que les êtres humains peuvent faire preuve de beaucoup d'ingénuité, lorsqu'on leur demande de faire de leur mieux.

Eden sert de vitrine sur laquelle nous montrons les choix que l'on peut faire pour promouvoir un monde meilleur : établir le lien entre votre vie et les problèmes, acquérir la confiance que l'on peut surmonter les problèmes et faire face à l'avenir avec espoir. Nous sommes une association caritative et éducative parce que nous essayons de trouver les meilleurs moyens de communiquer ces messages. Nos programmes d'interprétation sont destinés à impliquer, divertir, atteindre une grande audience, inspirer l'imagination et subsister dans la mémoire.

Nous utilisons l'un des moyens de communication les plus utilisés et testés : la narration de conte. Les contes existaient bien avant l'écriture, et donnent une raison d'être dans un monde où seuls les faits ne sont pas assez pour le changer. Nous travaillons en collaboration avec des artistes locaux, nationaux et internationaux, afin de créer des « points de repère » aux attitudes nouvelles et façons de penser. Les membres de notre « équipe de pollinisation » tiennent le rôle d'amuseurs publics, de guides, de conteurs d'histoire, mais aussi de communicateurs internes pour nous permettre de rester à l'unisson. Nous travaillons avec le Sensory Trust *(sensorytrust.org.uk)* pour trouver des approches créatives aux accès physiques et partager l'information afin d'être en mesure de fournir une expérience de valeur pour tous les âges, capacités et antécédents. Faites-nous plaisir, aidez-nous à explorer ce qui excite votre imagination et ce qui vous motive à l'action. Vous faites tous partie de ce programme, aidez à changer les choses pour le mieux ! Cela appartient au rôle d'Eden en tant qu'entreprise sociale. Le site en tant que destination facilite le financement de l'association caritative, qui explore de nouvelles méthodes de communication et d'éducation publique pour le visiteur. L'Eden, destination et l'Eden, association caritative et éducative sont inextricablement liés.

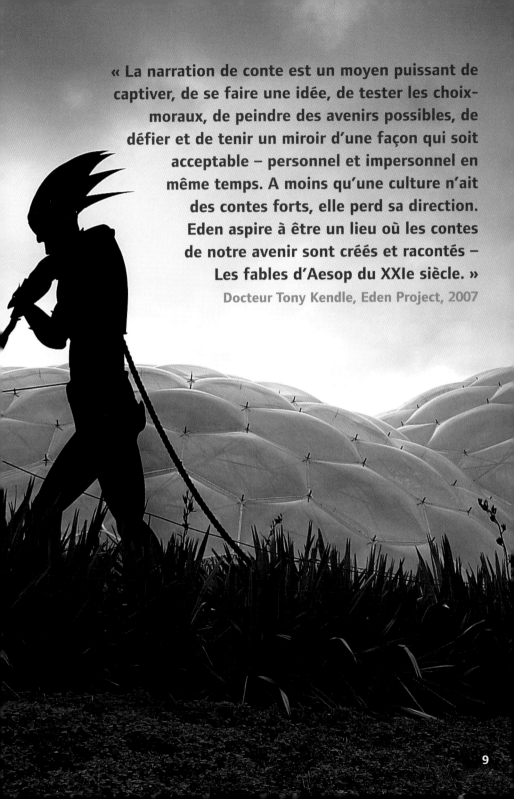

« La narration de conte est un moyen puissant de captiver, de se faire une idée, de tester les choix-moraux, de peindre des avenirs possibles, de défier et de tenir un miroir d'une façon qui soit acceptable – personnel et impersonnel en même temps. A moins qu'une culture n'ait des contes forts, elle perd sa direction. Eden aspire à être un lieu où les contes de notre avenir sont créés et racontés – Les fables d'Aesop du XXIe siècle. »

Docteur Tony Kendle, Eden Project, 2007

Eden sert de vitrine sur laquelle nos travaux et ceux des autres peuvent être exposés, rapprochant ainsi science, art, technologie et commerce.

Programmes scolaires

Sortie d'école – Nos programmes scolaires accueillent plus de 30 000 jeunes par an – Observez les voyageurs intrépides dans « n'oublie pas tes chaussettes anti-sangsue » pratiquant leurs techniques de survie dans le Biome Tropical, et les jeunes explorateurs du « Challenge du chef fou » sillonnant le monde entier à la recherche des ingrédients pour le gâteau global suprême. Dans nos programmes de proximité, les jeunes explorent leurs propre lieux sauvages avec leur communauté dans « Stuck in the Mud » (embourbé). Dans « Survive and Thrive »

(survivre et prospérer), mis au point par le centre d'activités de Cornouailles du Bishop's Forum, les adolescents sont immergés dans des activités de grand air : canöe, escalade, construction d'abri, camping, cuisine et feu de bois, toutes liées à des activités scolaires et domestiques. Toutes ces activités font partie de notre programme « Mud Between Your Toes » (de la boue entre les orteils). Voir page 16.

Pour plus d'informations sur ces activités et autres programmes, visitez notre site *www.edenproject.com/schools*, ou appelez le (0)17 26 81 19 13.

Études prolongées – Nous accueillons plus de 10 000 étudiants par an avec nos programmes d'enseignement supérieur et de développement professionnel continu pour les enseignants. Les sujets enseignés comprennent : architecture et construction durables, horticulture, alimentation et agriculture, loisirs et tourisme, géographie, changement climatique et principes environnementaux.

Nous travaillons de concert avec les organismes éducationnels locaux, nationaux et internationaux. Nos collaborations de proximité comprennent : le Conseil général de Cornouailles, le collège de Cornwall, les universités combinées de Cornouaille, le duché de Rosewarne, le collège d'horticulture et l'hôpital Royal Cornwall. Pour obtenir plus d'informations, contactez le coordinateur de l'enseignement supérieur au *www.edenproject.com/tertiary*

Par définition, nous ouvrons la discussion sur la nature même de l'éducation et ce que nous, en tant que société, désirons en tirer. Nous établissons un lien entre les jeunes adolescents et la science ... nous les raccordons au monde qui les entoure, à la vie. Est-ce que nos programmes font une différence ? Notre propre équipe de chercheurs, en collaboration avec l'université d'Exeter, les évalue et partage les résultats.

Un catalyseur de changement

Eden est un projet qui essaie de nouvelles idées.

Nous utilisons l'Eden « physique » comme vitrine pour nos explorations sur la manière d'oeuvrer ensemble pour un avenir meilleur, car il nous faut démontrer que nous pouvons faire la différence ici en premier..

Nous construisons une entreprise sociale

Cela implique au secteur public et au secteur privé de travailler ensemble. Elle combine l'énergie entreprenariale et les meilleures pratiques de gestion pour le bénéfice du public, mariant ainsi bonne citoyenneté et commerce viable.

Et … explorons le développement durable

Le développement durable est la capacité de subsister, en tenant compte de l'environnement, des hommes et de l'économie. Notre objectif est d'être neutre en matière de déchets, d'avoir un bilan carbone positif, d'être autosuffisant en eau et de produire notre propre énergie. « Ce n'est pas facile d'être vert », comme disait Kermit. Il faut donc explorer, discuter et débattre. Consommer moins vient en premier. Les Biomes hexagonaux copient madame abeille, le bio-ingénieur fournissant une résistance maximale avec un minimum de matériaux. Ensuite vient le recyclage : notre eau et nos terres sont recyclées (voir pages 22 et 24).

La nature: comment se débrouille t-elle aujourd'hui?

Qui décide: comment équilibrer les besoins de la terre, du peuple et de l'économie? **Nous tous.**

Economie: est-ce l'argent qui fait tourner le monde?

Société: Que disent les gens, les communautés et les cultures ailleurs?

Restauration et vente au détail

Plus de 80% de nos approvisionnements alimentaires proviennent de fournisseurs et de producteurs de Cornouailles, réduisant ainsi le kilomètre-aliment et favorisant les industries et les communautés locales. Eden travaille en collaboration avec les sociétés locales pour mettre au point de nouveaux produits à vendre ici, dans les environs et sur notre site internet. Notre initiative en matière de chaîne alimentaire agriculturelle collabore avec les industries et les cultivateurs locaux sur la recherche et les essais de nouveaux aliments potentiels, de cultures autres qu'alimentaires et de produits. Nos produits Fairtrade, biologiques et autres produits certifiés provenant de pays étrangers permettrent de démontrer qu'un commerce équitable fait aussi partie intégrante du développement durable.

> *« Vous ne changez jamais les choses en vous opposant à la réalité existante. Pour changer quelque chose, construisez un nouveau modèle qui rend l'ancien désuet. »*
> R. Buckminster Fuller (1895–1983), architecte, concepteur, visionnaire

Construction, énergie, et transport

Notre programme de construction impose des normes élevées en matière de conception, construction et processus, il démontre le rôle des matériaux naturels et indique comment l'on peut s'inspirer des structures naturelles.

Nous réduisons les émissions de gaz à effet de serre dans la mesure du possible, surveillons notre consommation d'énergie de manière à veiller à ce qu'elle soit effective et efficace (chaque kilowatt compte). Nous utilisons à 100% une électricité verte, nous avons des panneaux photovoltaïques sur 'Le Core' et une petite éolienne dans le parking. Notre chaudière à biomasse (quelques problèmes initiaux persistent encore) utilise des déchets de bois locaux pour chauffer nos bâtiments et remplace en partie notre installation à gaz. Nous avons aussi créé plus de 83 000 tonnes de terre artificielle à base de déchets (qui sert à emmagasiner le carbone) et planté des dizaines de milliers de plantes qui séquestrent chaque jour du carbone. Notre Land Train (petit train) utilise du biodiesel à base d'huiles recyclés et nous avons en place un plan de voyage vert. Les marcheurs, cyclistes et ceux possédant un ticket combinant autocar, bus ou train bénéficient d'une remise. Plus de 10% des visiteurs ne viennent pas en voiture et 35% de notre personnel partagent une voiture ou viennent par d'autres moyens : pas mal pour un site rural ! Nous compensons toutes nos émissions directes et nos voyages d'affaires par le biais de Climate Care, tout en oeuvrant sans cesse à la réduction de nos émissions de CO_2.

Faites partie du catalyseur

Vous pouvez aider à réduire les émissions de CO_2 et augmenter votre contribution en faisant une donation à l'Eden Climate Fund. L'organisme, par le biais de Climate Care, investit dans des projets de pays en voie de développent, qui réduisent le carbone dans l'atmosphère. Il soutient aussi le programme de révolution climatique d'Eden Project.
www.edenproject.com/climatefund

Waste Neutral

La réduction des déchets vient en premier, ensuite nous réutilisons et recyclons dans la mesure du possible, puis réinvestissons en achetant des articles fabriqués à base de produits recyclés, que ce soit pour utiliser sur le site ou vendre dans le magasin.

Nous trions tous nos déchets, et en recyclons actuellement 17 types différents (le verre et le papier ne sont que le début). L'année dernière, notre machine à composter a converti 28,5 tonnes de déchets alimentaires et 7,1 tonnes de déchets potagers en 15,5 tonnes de terreau que nous utilisons sur le site. Facilitez-nous la tâche en disposant vos déchets dans la bonne poubelle. Merci !

Toutes ces initiatives facilitent la régénération de l'économie locale, construisent une entreprise qui transforme la manière dont nous conduisons nos affaires et génèrent des idées susceptibles de faciliter les changements ailleurs. Parfois il arrive que tout se passe bien, et d'autres fois non. Partager les deux est vital !

Équipes, communauté et collaboration

L'Eden Trust

L'Eden Project est détenu par l'Eden Trust, une société limitée par garantie et une association caritative enregistrée au Royaume-Uni – numéro 1093070.

Les équipes de Eden

Les équipes sont sous la responsabilité de la direction qui dépend des administrateurs qui veillent à ce que nous atteignions nos objectifs caritatifs. Au début, nous n'étions que cinq, maintenant nous sommes plus de 400. Nous faisons toutes sortes de choses : art, science, horticulture, éduction, gestion, vente au détail, restauration, philosophie, mathématiques, économie, conception, construction, publication, recherche, ménage, organisation, guide, collecte de fonds, narration de contes, marketing, média et beaucoup plus. Vous trouverez plus de détails sur qui nous sommes et ce que nous faisons sur le site *www.edenproject.com*. Vous rencontrerez beaucoup d'entre nous sur le site faisant ce que nous avons décrit dans les pages précédentes. Tout est lié – ce que nous faisons pousser, cuisinons et vendons, et la manière dont nous nous comportons, le tout fait partie du projet. En arrière-plan, la Fondation s'intéresse avant tout à notre intégrité. L'équipe de la Fondation explore de nouvelles idées et met au point des projets

« Ne jamais douter qu'un petit groupe de citoyens prévenants et engagés peut changer le monde. En fait, c'est le seul moyen d'y parvenir. »

Margaret Mead, anthropologiste américaine, 1901–78

durables, des programmes d'éducation et d'interprétation créative qui marient horticulture, architecture, construction, art et créativité, science et technologie. Elle cherche de nouvelles approches, crée de nouvelles alliances et ose expérimenter et poser les questions les plus difficiles. Eden est notre siège social, mais beaucoup d'entre nous travaillent sur des initiatives et avec d'autres organisations au-delà de nos rivages.

Nos partenaires de travail

Nous ne répliquons pas ce que les autres font déjà bien, mais travaillons avec des organisations du monde entier, apprenons ensemble, partageons les idées, explorons d'autres manières pour un avenir meilleur. Vous pouvez en découvrir plus sur le site , sur internet et dans nos publications.

Pour aller vite, allez seul. Pour aller loin, allez ensemble.
Proverbe africain

La collaboration est un élément fondamental de l'éthique d'Eden. Nous travaillons en collaboration avec les communautés locales, les voisins, le personnel, des associés, des OGN, des entreprises, des gouvernements, des trusts, des organisations publiques et privées, des fournisseurs, des collaborateurs, des organismes éducationnels ... établissant des réseaux, partageant des idées, construisant des centres d'intérêt commun. Tout cela sert à catalyser le changement. Eden sert de point de rencontre aux discussions susceptibles de produire quelque chose – et beaucoup ont déjà produit leurs fruits !

A propos des programmes d'Eden

Eden investit dans des programmes et des projets qui font une différence. Votre soutien permet de réaliser des projets de ce genre :

Mud Between Your Toes (de la boue entre les orteils)

Les enfants passent de moins en moins de temps à l'extérieur à apprendre, jouer ou juste explorer. Les conséquences vont de problèmes sérieux de santé à une réduction dramatique de la compréhension du fonctionnement du monde naturel. Mud ramène les

enfants à l'extérieur, les reconnecte à leur monde naturel et leur communauté. Mud procure le savoir-faire qui permet aux enfants de grandir et de faire des choix pour un avenir durable et positif

Évènements : construction de cabanes.

Spectacles apparentés dans le Biome Extérieur : Les Cornouailles sauvages, Le Jardin en spirale, Le Jardin.

Programmes scolaires : Stuck in the Mud, Survive and Thrive, Eden Earthlings.

Actions : Changer l'état du jeu (notre projet de jeu communautaire financé par la loterie, dont le but est d'explorer les lieux et les espaces de jeu basés sur la nature).

www.edenproject.com/mud

Climate Revolution (Révolution climatique)

Les communautés, les sociétés et les gouvernements de part le monde essayent de résoudre les change-ments climatiques en repensant la façon dont nous nous procurons notre énergie, comment nous effectuons nos déplacements, comment nous survivons. C'est une transformation positive. Joignez-vous à nous.

Évènements : Conférences sur les changements climatiques, Exposition de voitures vertes sexy.

Expositions apparentées : Nouvelles utilisations de cultures (Biome Extérieur), Serre de changement climatique (Core), Projet de Cape Farewell (en collaboration avec des artistes qui ont une expérience de première main de l'Arctique et du changement climatique).

Programmes scolaires : Going to Extremes, Seed Saviours, The POD *www.jointhepod.org*

Action : plan de voyage vert, énergie faible en carbone, chaîne d'alimentation faible en carbone, programme de construction vert, projet de vie du XXIe siècle *(www.edenproject.com/21stcenturyliving)*, Le Climate Fund et le programme du séminaire « problèmes brûlants » avec l'université d'Exeter.

www.edenproject.com/climaterevolution

Nourriture et santé

La sécurité alimentaire, faire pousser ses légumes, une alimentation saine et l'éducation alimentaire sont hauts sur la liste. Voici quelques-unes de nos activités :

Faire pousser ses légumes : Nous travaillons en collaboration avec un nombre important d'institutions, notamment le National Trust, Garden Organic, Royal Horticultural Society, Landshare et bien d'autres pour que la pousse de vos légumes soit plus facile et agréable *www.eatseasonably.com*

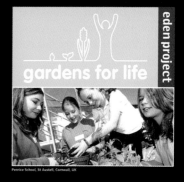

Penrice School, St Austell, Cornwall, UK

The Big Lunch (grand déjeuner) : une fois par an, à partir du 19 juillet 2009, nous espérons que beaucoup des 61 millions d'habitants du Royaume-Uni se mettront simultanément à table pour déjeuner avec leurs voisins dans la rue, un acte communautaire simple mais profond *www.thebiglunch.com*

Gardens for Life (jardins pour la vie) : Mélangeant communautés, cultures et pays, Gardens for Life est un réseau vivant d'écoles qui explore le monde au moyen du jardinage et de la culture des aliments *www.edenproject.com/gardensforlife*

Growing for Life (culture pour la vie) : Ce projet consiste à faciliter la culture potagère par des prisonniers et permettre leur reclassement en établissant des entreprises sociales au sein de la communauté, basées sur l'horticulture.

Visitez le site *www.edenproject.com/our-work* pour plus d'informations

« Super ! Quel moyen simple de s'amuser – à présent où puis-je mettre la main sur une vieille tente ? »

17

Détails sur nos programmes et nos projets

Oui, il y a plus. Chaque année nos projets sociaux, environnementaux et inventifs prennent de l'ampleur et se modifient. En voici juste quelques-uns sur lesquels nous travaillons en ce moment.

Les hommes

Great Day Out (Grand jour de sortie) : offre à des groupes communautaires qui autrement ne seraient pas en mesure de venir nous voir, des visites inspirationnelles d'Eden.

People and Gardens (Gens et jardins) : procure des stages d'initiation dans des pépinières à des gens ayant des difficultés d'apprentissage et à ceux ayant des infirmités physiques ou émotionnelles.

Healthy Partnerships (Associations Saines) : en collaboration avec le service de santé, des entraîneurs personnels et le service météorologique, nous aidons des personnes traitées pour des maladies chroniques respiratoires à récupérer, retrouver la forme et la maintenir, grâce à la randonnée.

Grand jour de sortie

Parc de la paix du Kosovo de Manchester : Construction d'un parc de la paix de 9 hectares avec les gens de Podujevo, qui ont vécu l'épuration ethnique de 1999.

Parc de la paix du Kosovo de Manchester *Partenariat de santé*

Les plantes

Darwin Initiative – La rare *Impatiens gordonii* (apparentée à l'impatiens ou Busy Lizzie), qui n'est présente que sur deux îles des Seychelles, est menacée par la concurrence d'espèces introduites et la perte d'habitat. Grâce à un prix pour une initiative de recherche sur la biodiversité de Darwin Initiative, Eden, des organismes de conservation aux Seychelles et l'université de Reading, la propagation et la protection de cette plante sont assurées. L'un de ces rejetons « Ray of Hope » est disponible dans le magasin. Les profits permettent de sauvegarder sa plante-mère dans la nature.

Natural England Juniper Conservation (conservation du genévrier britannique naturel) – conservation du genévrier nain en danger de disparition (*Juniperus communis* subsp. *hemisphaerica*) qui pousse en petite population aux environs de Lizard en Cornouailles. Pour sauvegarder cette population sauvage, notre Équipe verte en fait la propagation dans notre pépinière.

Resources

Exploitation minière responsable – Travail en collaboration avec la société Rio Tinto. Un exemple pratique de valeur qui consiste à regrouper ensemble divers intérêts pour se concentrer sur des problèmes critiques, comme l'exploitation minière et le développement durable, notre dépendance sur les minéraux, la gestion de la chaîne d'approvisionnement et la régénération une fois l'exploitation terminée. Plus d'informations aux pages 42, 43 et 58.

Plus d'informations sur certains projets : Darwin Initiative (page 58), FORRU (Unité de recherche de restauration forestière, page 58), Green Futures College (le collège des futurs verts, page 47), Cornwall Biodiversity Initiative (Initiative cornouaillaise en matière de biodiversité, page 39), et Architectes sans Frontières (page 54).

L'opération sables minéraux de la société Rio Tinto à Richards Bay, et (en arrière plan) la réhabilitation des dunes 25 ans après

Rendez-vous sur le site *www.edenproject.com/our-work* pour plus d'informations.

La pépinière Forest Restoration Research Unit (Etablissement de recherche sur la restauration de la forêt)

Etudiants du Green Futures College (Collège Futurs Verts)

Un peu d'histoire

L'Eden Project a été établi dans le cadre des projets repères du millénaire pour marquer l'année 2000 au Royaume-Uni. Lors de la restauration des jardins perdus d'Heligan dans les années 90, Tim Smit s'est pris de fascination pour les histoires qui connectent les plantes aux hommes et les maintiennent en vie. Il s'est assuré des services de Philip McMillan Browse (ancien directeur de RHS Wisley et directeur de l'horticulture aux Jardins perdus d'Heligan) et de Peter Thoday (ancien président de l'Institut d'horti-culture), pour rassembler une équipe d'experts en horticulture avec un brin de guérilla verte dans leur sang. En novembre 1994, le conseil du comté de Restormel a fait preuve de suffisamment de confiance en investissant les premières £25 000 et donner le jour à cette histoire. Le premier coup de pelle a été donné le 15 octobre 1998.

Les architectes ont été contactés en 1995. La bonne nouvelle était qu'on leur demandait de construire la huitième merveille du monde. La mauvaise nouvelle était que l'on n'avait pas d'argent. Grimshaws a pris le relais de l'architecte cornouaillais Jonathan Ball (co-fondateur du projet) et a conçu nos magnifiques bâtiments (nous avons fini par les payer !). L'entreprise de travaux publics Sir Robert et Alfred McAlpine a travaillé pendant 18 mois sans paiement et sans contrat, puis a prêté à Eden une somme significative, à ne rembourser que si le projet réussissait.

Pourquoi ont-ils fait cela ? Pourquoi d'autres ont-ils quitté un bon emploi pour se joindre au projet ? Parce qu'ils voulaient changer quelque chose, et pouvoir dire « Je suis content de l'avoir fait », plutôt que « j'aurais aimé le faire ».

« Entre 1996 et 1998, un groupe de personnes se rassemblait dans les pubs, les hôtels, les résidences privées, les bureaux et même les stations service d'autoroute pour discuter d'une idée – créer un lieu tel que personne n'en avait jamais vu auparavant, un lieu qui explore les dépendances humaines vis-à-vis des plantes et du monde naturel, un lieu susceptible de pouvoir faire une différence. Il était ridicule d'imaginer que des centaines de gens formés à dire non, pouvaient être persuadés de dire oui. Mais les barbes grises avaient un plan brillant : demander aux jeunes de le faire – eux ne savaient pas que ce n'était pas possible ». Tim Smit

La recette d'Eden

- Prenez une carrière de kaolin épuisée aux flancs escarpés de 60 m de profondeur, d'une surface équivalente à 35 terrains de football, sans terre, et 15 m au-dessous de la nappe phréatique.
- Sculptez la carrière en forme de bol à fond plat, et paysager les flancs.
- Mélangez et ajoutez 83 000 tonnes de terreau provenant de déchets recyclés.
- Ajoutez une architecture superbe qui tire son inspiration de la nature afin de nous rappeler le potentiel humain.
- Colonisez avec toutes sortes de plantes, dont bon nombre d'entre elles sont utilisées tous les jours (mais que l'on ne peut que rarement voir).
- Recueillez l'eau d'écoulement de la fosse et utilisez pour irriguer nos plantes (et tirer la chasse !).
- Assaisonnez le tout de personnes de tout genre et de tout bord.
- Été 2000, ouverture pour une avant-première de la création.
- Été 2001, ouverture et mise à la disposition du public.

Construction d'Eden

Le plus grand bac à sable du monde

Pour rendre le site plus accueillant aux gens qu'aux chèvres, nous avons taillé 17 mètres du haut pour le mettre au fond. Cela nous a pris six mois pour déplacer 1,8 millions de tonnes de terre. Nous avons modifié les pentes raides pour leur donner un angle acceptable et créer des terrasses. Nous avons enfoncé deux milles tirants, dont certains mesuraient 11 m de long, dans les flancs de la fosse pour les stabiliser, et pulvérisé un mélange de graines de plantes et de fertiliseurs sur les flancs pour en stabiliser la surface.

Qu'il pleuve

Au cours des deux premiers mois de la construction, il n'a fait que pleuvoir tous les jours, 200 millions de litres d'eau de pluie se sont écoulés dans la fosse. Cela a forcé les ingénieurs à concevoir un circuit de drainage souterrain magnifique qui collecte à présent toute l'eau qui s'accumule sur le site, en moyenne le volume de 22 000 baignoires pleines par jour. Nous l'utilisons pour irriguer nos plantes et tirer la chasse, tandis que l'eau de pluie qui tombe sur les Biomes est utilisée pour créer la brume à l'intérieur du Biome Tropical. A ce jour, 43% de nos besoins en eau sont fournis par l'eau grise recueillie sur le site.

Biomes couverts : quelques faits sur la construction

Vous pourriez placer la Tour de Londres dans le Biome Tropical. Enfin, ce n'est qu'une suggestion ! Le livre des records Guinness indique que les Biomes sont les plus grands jardins d'hiver au monde. La construction de ces « serres adossées » sur une surface inégale qui change de forme a été pour le moins difficile : nous avons utilisé des « bulles » car elles peuvent reposer sur n'importe quelle surface – l'architecte a eu cette idée en faisant la vaisselle !

La conception de base comprend une structure spatiale courbée faite de deux couches, appelée hex-tri-hex, avec une couche extérieure d'hexagones (le plus grand faisant 11 m de long), plus l'occasionnel pentagone, et une couche interne composée d'hexagones et de triangles (ressemblant à d'énormes étoiles) boulonnés ensemble. La structure métallique ne pèse guère plus lourd que l'air contenu dans les Biomes. Ils sont plus susceptibles de s'envoler que de s'effondrer, c'est pour ça qu'ils sont assurés aux fondations à l'aide de tirants (des piquets de tente gigantesques).

Les « fenêtres », en feuille transparente, sont composées de trois couches d'éthylène-tetrafluoroéthylènecopolymère (ETFE) qui forment des coussins pneumatiques de 2 mètres d'épaisseur. L'ETFE a une durée de vie supérieure à 25 ans, transmet les rayons UV, ne colle pas, est autonettoyant, et pèse moins de 1% de la surface équivalente en verre. Il est aussi résistant : un coussin hexagonal peut supporter le poids d'une voiture. Les coussins ont été mis en place par 22 professionnels de la descente en rappel – les singes du ciel.

Sol et climat

Sol

Avec l'aide de l'université de Reading, nous avons créé plus de 83 000 tonnes de terreau, car nous ne voulions priver personne d'autre du leur et parce que nous voulions créer la meilleure "recette" possible. La composante minérale est à base de déchets miniers locaux : sable de la carrière à kaolin d'IMERYS et kaolin en provenance de WBB Devon Clays Ltd. Dans les Biomes, nous avons choisi de l'écorce compostée comme matière organique car celle-ci doit être d'une grande longévité. Les plantes à croissance rapide du Biome Tropical ont besoin d'un terreau riche en matière organique, capable de conserver beaucoup d'eau et de nutriments, tandis que celles à croissance lente du Biome Méditerranéen au climat sec, utilisent un mélange sableux contenant moins des deux éléments. Un mélange spécial ne contenant aucun nutriment a été utilisé dans les fynbos d'Afrique du Sud, où la terre fertile est toxique pour certaines plantes. Pour l'extérieur, nous avons utilisé un compost à base de déchets alimentaires ménagers. Les ingrédients ont été mélangés à la pelle mécanique dans une carrière à kaolin voisine, nous y avons ajouté des vers de terre pour aérer et fertiliser le nouveau terreau. Nos sols démontrent que la régénération environnementale est possible.

Climat

Le climat des Biomes couverts est surveillé en permanence et contrôlé automatiquement. Dans le Biome Tropical, des diffuseurs de brume humidifient l'air automatiquement (90% d'humidité la nuit, réduite à 60% la journée) et des tuyaux de surface irriguent le sol, on vous évite ainsi d'avoir à endurer les 1 500 mm par an de pluie de forêt tropicale. Notre cascade gigantesque utilise de l'eau recyclée et maintient l'humidité élevée. Dans le Biome Méditerranéen, nous la maintenons plus basse. Les évents sont souvent ouverts, même par temps froid, pour réduire l'humidité et éviter les problèmes de moisissure.

La source principale de chaleur des deux Biomes est le soleil. Le mur arrière sert de réflecteur de chaleur et dégage la chaleur accumulée la nuit. Les deux couches d'air des fenêtres à triple vitrage fournissent l'isolation. Des grosses unités de traitement de l'air de couleur grise fournissent un chauffage supplémentaire et facilitent la circulation de l'air par temps chaud.

Plantes et faune

Plantes

Nous avons planté des millions de plantes d'environ 8 000 taxa (espèces et cultivars). La plupart ne sont pas rares, à l'exception de quelques-unes qui illustrent le besoin de conservation, aucune n'a été déracinée de son habitat. Beaucoup d'entre elles ont poussé à partir de graine dans nos pépinières ; d'autres proviennent de jardins botaniques, d'instituts de recherche ou de supporters, en majorité d'Europe et du Royaume-Uni. Une fois établies, les 'grandes' du Biome Tropical sont élaguées par des spécialistes de la descente en rappel ou à l'aide d'une grue télescopique. Notre équipe verte sont des « jardiniers de l'extrême », la plantation à flanc de coteau proche de la verticale présente parfois quelques difficultés.

Animaux

Certaines de nos plantes sont pollinisées par des insectes, d'autres le sont par le vent. En cas d'urgence nous utilisons un pinceau ! Nous n'avons à polliniser les fleurs que si l'on désire qu'elles produisent des graines. Notre programme d'hygiène rigoureux, impose l'utilisation de lieux d'isolement à la pépinière d'Eden, qui permet d'attraper les insectes nuisibles et d'identifier tout problème de santé avant qu'il n'atteigne le site. Dans la fosse, notre système de gestion intégrée des infestations utilise les méthodes culturelles (enlèvement des parties infectées de la plante), des produits chimiques « doux » (savon et huiles), ainsi que 33 différents types de contrôle biologique (insectes qui se nourrissent d'insectes). Dans le Biome Tropical, nous en hissons quelques-uns jusqu'au feuillage, dans des petits pots de bambou montés et descendus par un dispositif de corde et de poulie.

Nous avons aussi quelques oiseaux et des lézards dans les Biomes, qui en plus d'être jolis, mangent leur poids en insectes. Des appareils émetteurs de rayons UV attrapent les insectes et contrôlent leur nombre afin que nous puissions avoir un oeil sur tout ce qui se passe.

D'où l'argent nous est-il venu ?

La Commission britannique du millénaire a alloué £37,5 M des fonds de la loterie, après avoir sélectionné Eden comme « point d'intérêt » de l'extrême Sud-ouest de l'Angleterre, et leurs contributions ultérieures ont représenté une somme de plus de £56 M. Nous espérons avoir été à la hauteur pour la Commission et pour tous ceux qui ont acheté un billet de loterie. L'UE et la Southwest Regional Development Agency ont aussi contribué au financement (quelque £50 M entre eux deux) et des emprunts commerciaux à hauteur de £20 M. Le reste provient d'un autre emprunt de £8 M et de quelques fonds générés par Eden et réinvestis dans le projet depuis l'ouverture. Eden a créé plus de 400 emplois à temps plein, 200 postes saisonniers et 200 bénévoles, il attire plus de 11 millions de visiteurs et inspire une renaissance économique en Cornouailles.

Le projet a apporté plus de £900 M d'activités professionnelles incrémentielles dans le pays depuis 2001.

Maintenir une base financière forte et diversifiée est crucial pour la préservation de l'indépendance et de la crédibilité de l'Eden Trust. Aucun de nos travaux, aucun de nos succès, n'est possible sans la générosité de nos donneurs et de nos supporters. Nous vous en remercions.

Combien ?	£ M
Achat d'un grand site inhabituel, parkings, routes et chemins	16
Terrassement des terrains pour les rendre sûrs, secs et utiles	8
Deux serres de dimensions décentes	25
160 000 m^2 de plantes ... quelques-unes imposantes	3
83 000 tonnes de terreau fabriqué pour les faire pousser	2
Une pépinière pour s'entraîner et faire pousser quelques plantes inhabituelles	1
Bâtiments pour vous et notre équipe – entièrement équipés	22
Entretien pour le maintien de l'ensemble	7
Émoluments de l'équipe jusqu'à l'ouverture	3
Expositions pour votre plaisir, allées piétonnières pour vous maintenir au sec, un ascenseur, un pont	12
Conseil sur ce que nous ne pouvions faire nous-mêmes	12
Investissements pour notre futur comme le bâtiment de la Fondation	9
Un lieu spectaculaire pour l'éducation – Le Core	16
Entrepôt, bâtiment de gardiennage, enceinte à déchets, arène	4
Les rêves coûtent de l'argent	**Total 140**

Donneurs et supporteurs

Durant 2007 et 2008, les donneurs suivants ont fourni un support financier à une variété de projets, dont beaucoup d'entre eux sont mentionnés dans ce guide. Beaucoup d'autres supporteurs ont aussi contribué au développement d'Eden. Vous trouverez une liste complète de nos donneurs à ce jour sur le site *www.edenproject.com/about/funders*. Ce n'est qu'avec leur aide et leur coopération que nous sommes en mesure de continuer nos oeuvres caritatives.

Agricultural Futures Review, Arts Council, BBC, BIG Lottery Fund – Playful ideas, BOC Foundation, BP Biofuels, Bromley Trust, BT, Building Research, Carnegie UK Trust, Cornish Horticultural Enterprises, Cornwall County Council, Cornwall Research Fund/European Social Fund, Department of Communities and Local Government, Department of Environment, Food and Rural Affairs, Department for International Development, Development Awareness Fund, English Heritage, European Agricultural Guidance and Guarantee Fund (Objective One, Cornwall), European Regional Development Fund, Interreg IIIC, European Regional Development Fund/(Objective One, Cornwall), GUS Charitable Trust, Hardy Wine Co/Banrock Station, JHA Innovations Ltd, Kellogg Company, Millennium Commission, Project SRI Build, Restormel Borough Council, Rio Tinto, Rolls Royce, SITA Trust, South West Regional Development Agency, Syngenta Foundation, The Big Lottery Fund – Living Landmarks, The Drapers' Company, The Ernest Cook Trust, The John Ellerman Foundation, The Wolfson Foundation, University of Exeter, Viridor Credits, Wellcome Trust.

Si vous croyez

qu'il devrait exister un lieu qui explore à quoi pourrait ressembler un avenir brillant,

qui célèbre la vie et fait courir le champagne dans nos veines,

qui est avant tout une question d'éducation avec ... de la boue entre les orteils,

qui est un lieu d'accueil de discussions susceptibles d'apporter quelque chose,

1999

où la recherche est une expérience à partager entre tous
et destiné à tous ceux qui pensent que l'avenir appartient
à chacun d'entre nous,

alors, bienvenue à l'Eden Project ... le lieu de résidence de
l'Eden Trust.

C'est pourquoi nous avons construit ce lieu et c'est là que
va l'argent.

Aujourd'hui

Le Biome Extérieur

Dimensions : 13 hectares (plus de 30 terrains de football)

Plantes : 2665 espèces et cultivars différents

Climat : Tempéré, trouvé entre le type méditerranéen et les cercles arctique et antarctique (66.5°N ou S) et aussi en haut de quelques montagnes proches de l'Équateur.

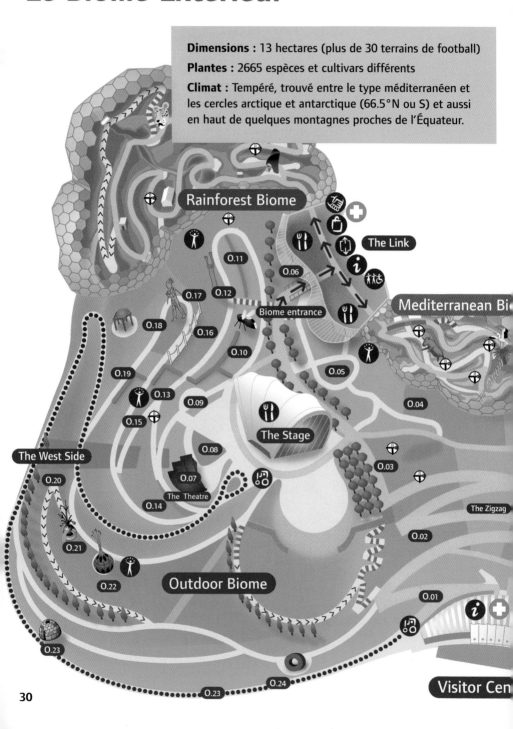

Rainforest Biome

The Link

O.11

O.06

O.17   O.12

Biome entrance

Mediterranean Bi

O.18

O.16

O.10

O.05

O.19

O.13

O.09

O.04

O.15

The Stage

The West Side

O.08

O.03

O.20

O.07

The Theatre

O.14

The Zigzag

O.21

O.02

O.22

Outdoor Biome

O.01

O.23

O.23   O.24

Visitor Cen

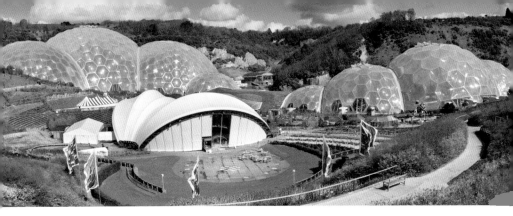

0.01 Le Biome Extérieur

Le Zigzag
0.02 Jardin sans fleur
0.03 Cultures qui nourrissent le monde

Le Jardin
0.04 Formation des fleurs
0.05 Jardin
0.06 Plantes goûtues

La Scène
0.07 Théâtre
0.08 Verger
0.09 Lavande
0.10 Pollinisation
0.11 Cultures de Cornouailles
0.12 Bière et brassage
0.13 Thé
0.14 Jardiniers du globe
0.15 Éco-ingénierie

Les nouvelles utilisations des cultures
0.16 Chanvre
0.17 Nourriture, carburant ou plastique ?
0.18 Fibres et nouveaux matériaux

Le côté ouest
0.19 Steppe et prairie
0.20 Plantes pour un climat plus chaud
0.21 Carburant à la biomasse
0.22 Mythologie et folklore
0.23 Biodiversité ... et les Cornouailles
0.24 De la terre : métaux, minéraux et mines

Le Core
0.25 Santé
0.26 Teinture
0.27 Papier
0.28 Jardin en spirale
0.29 Bois
0.30 L'arcade aux idées
⊕ La piste de l'histoire des aliments
● La légende de ces symboles se trouve au dos du guide.

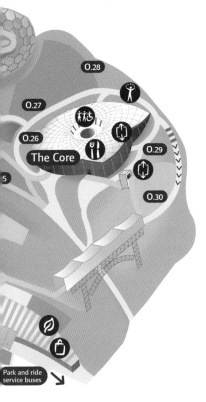

Le Biome Extérieur 0.01

Découvrez les cultures qui fournissent vos aliments, carburants, médicaments et matériaux dans un Biome qui a pour toit le ciel. Voyez comment ces cultures ont façonné notre monde. Imaginez comment les choses pourraient changer à l'avenir. Explorez et réfléchissez aussi aux paysages 'naturels', comme les landes et les prairies. Découvrez pourquoi il nous faut préserver ces espaces sauvages – et comment. Tout est possible : il y a 10 ans ce jardin global n'était qu'un paysage désertique, 15 mètres sous la nappe phréatique, d'une surface inégale, sans terre et sans plantes.

Le Zigzag

Jardin sans fleur 0.02 CLIMATE REVOLUTION

Les fougères et les prêles sont sur terre depuis plus de 350 millions d'années, bien avant les dinosaures. Elles absorbent le CO_2 de leur environnement chaud et humide, et éventuellement pourrissent pour donner du charbon. A présent, nous les brûlons, relâchant du CO_2 et réchauffant de nouveau ainsi la planète ! Hmm. Voir nos expositions sur les carburants 0.17 et 0.21.

Cultures qui nourrissent le monde 0.03 CLIMATE REVOLUTION

75% d'entre nous dépendent du maïs, du blé ou du riz pour notre nourriture de base – ils nous fournissent en glucides, en protéines pour l'énergie et la nutrition, et ils sont faciles à emmagasiner. Les pommes de terre viennent en quatrième position (en terme de production mondiale), les haricots et les bananes sont aussi bien placés sur la liste.

Les cultures de blé et de riz ont bénéficié des programmes de culture sélective des années 1960 et 70, déclenchant la « révolution verte » qui a permis d'éviter une famine à grande échelle, due à la croissance rapide de la population.

On dit que six milliards et demi d'hommes dans le monde pourraient être nourris si la nourriture était répartie équitablement. Mais alors pourquoi un milliard environ d'hommes ont-ils faim ? Pauvreté, déracinement, conflits armés et le virus du Sida sont des facteurs contributifs. La justice commerciale, la résolution de conflit et les projets de bonne nutrition permettent de résoudre les enjeux.

La demande est toujours en progression. Près de 4 milliards d'hommes pourraient venir s'ajouter à nous dès 2050, les réserves alimentaires globales sont au plus bas depuis 30 ans, et nous sommes plus nombreux à consommer plus de viande (60% du maïs est utilisé pour la nourriture des animaux). Tout cela pousse les prix alimentaires, en outre les changements climatiques et les pertes de récolte ne font qu'aggraver les problèmes de sécurité alimentaire. La recherche explore les moyens d'augmenter les récoltes et la fertilité des sols, la résistance aux infestations et aux maladies, ainsi que de nouvelles cultures capables de résister aux changements climatiques. Se pourrait-il que la biodiversité agriculturelle et la biotechnologie soient les clés de l'alimentation du monde futur ? L'autre gros problème est le débat nourriture par opposition au carburant : plus de détails sur ce sujet à la page 35 (0.17).

Le Jardin

Formation des fleurs 0.04

Pendant des siècles nous avons
introduit des fleurs sauvages dans
nos jardins, sélectionné les préférées
et croisé les parents prometteurs
pour produire des variétés cultivées.

Jardin 0.05

Explorez le jardin « de jeu » créé avec l'environnement à l'esprit et l'aide de la société
Banrock Station Wines. Vous avez une sélection des plus belles plantes dans notre
magasin – emportez avec vous un peu d'Eden. Il y a environ 50 000 hectares de jardins
au Royaume-Uni (près du double des réserves naturelles), et nous sommes responsables
de la gestion de cet énorme morceau de nature « manucurée » ! Pourquoi de jeu ?
Prenez connaissance du programme « Mud » à la page 16.

Plantes goûtues 0.06

Un jardin productif de la moitié de cette surface peut fournir à une famille moyenne des
légumes frais tout au long de l'année. Les produits cultivés ici sont utilisés par l'équipe
scolaire et donnés au personnel – malheureusement il n'y en en pas assez pour tous nos
visiteurs. La chose que nous désirons encourager le plus est de vous inciter à faire
pousser vos propres légumes. Cela permet de réduire les émissions de CO_2, de
vous procurer des aliments frais, goûtus et sains, et une grande satisfaction !
Et s'il vous n'avez pas suffisamment d'espace, faites les pousser dans des
jardinières de fenêtre, des bacs, des paniers suspendus, etc. et créez
un jardin communautaire ou d'école. C'est beaucoup plus marrant
de le faire avec quelqu'un d'autre – voir *www.eatseasonably.com*

La scène

Théâtre 0.07

Détails du programme sur le Théâtre et sur internet.

Verger 0.08

Notre mini-verger va s'agrandir pour offrir un refuge, un lieu de beauté, de détente et de restauration rapide (dans un emballage biodégradable). Au Royaume-Uni, nous produisons environ 11% de nos besoins en fruits, mais un renouveau d'intérêt pour la santé et les produits régionaux signifie que les vergers réapparaissent. Pourquoi ne pas créer un verger municipal dans votre quartier ?

Lavende 0.09

Elle tire son nom du Latin *lavare* ('laver'). Calmante et apaisante, elle est utilisée dans les huiles aromathérapiques, parfums, produits insectifuges et antiseptiques.

Pollinisation 0.10

Les plantes ne peuvent pas se déplacer (ou si peu). Elles se reproduisent donc en attirant les insectes et autres animaux pour qu'ils transportent leur pollen de fleur en fleur. Les rapports entre l'insecte et la fleur sont souvent très spécifiques. Plus de la moitié des plantes alimentaires du monde dépendent de pollinisateurs, il est donc essentiel de bien les traiter.

Cultures de Cornouailles O.11

Traditionnellement, les Cornouailles fournissaient le Royaume-Uni en produits alimentaires en hiver et au début du printemps jusqu'à l'arrivée de la concurrence globale bon marché. Maintenant, avec le changement de notre climat, l'histoire prend une nouvelle tournure : ce sont les produits régionaux de qualité qui ont la faveur et le climat chaud et humide des Cornouailles nous permet maintenant de cultiver des plantes mises en difficulté par la sécheresse ailleurs.

Bière et brassage O.12

Ne manquez pas les ingrédients de la bière (orge et houblon), l'échassier, la chaudière à houblonner et l'ichtyocolle (vessie natatoire de poisson-chat tropical) utilisée pour éclaircir la bière, sur nos perches à houblon. Applaudissons l'arrivée des bières respectueuses de l'environnement fabriquées à partir des nouveaux houblons résistants aux infestations d'insectes et aux maladies et l'adoption de techniques de production qui réduisent la consommation d'eau et d'énergie et la génération de déchets.

Thé O.13

Le thé est préparé à partir des jeunes feuilles du théier, *Camellia sinensis*, qui pousse dans les zones sous-tropicales, les montagnes fraîches et humides des tropiques – et ici ! On constate un renouveau de l'intérêt pour ses propriétés thérapeutiques. Nos cafés-restaurants servent des thés biologiques issus du commerce équitable.

Jardiniers du globe O.14

Des communautés de jardiniers dont les racines remontent jusqu'en Afrique, en Asie, aux Antilles et en Europe partagent leurs connaissances sur ce qu'ils cultivent dans leur parcelle. Dans la cabane, découvrez en détail notre programme Gardens for Life (Jardins pour la Vie)(voir aussi page 17) et ajoutez-y vos propres contributions.

Éco-ingénierie O.15

Les racines des plantes étaient autrefois utilisées pour retenir la couche de terre fragile dans les zones sujettes à forte érosion. Cette pratique s'est estompée face aux techniques modernes de génie civil. De nos jours, nous retournons à la nature pour y trouver des réponses.

Les nouvelles utilisations des cultures

Les agriculteurs et les scientifiques font équipe pour que les plantes deviennent nos usines vertes. L'augmentation actuelle du prix du pétrole et des céréales dans un contexte de forte pression sur les terres agricoles entraîne une évolution permanente de la situation.

Chanvre 0.16

Le chanvre industriel est la source de produits alimentaires et thérapeutiques, il sert à la fabrication de vêtements, de composants automobiles et de matériaux de construction. Un projet de culture de chanvre dans un lotissement en Afrique du Sud a permis de réduire les émissions de CO_2 de 90%. Le chanvre industriel pousse bien au Royaume-Uni et requiert très peu de suppléments agrochimiques (le coton utilise environ 25% des pesticides du monde entier). En dépit de la forte demande, il y en a très peu, en partie du fait qu'il ressemble à la marijuana (même s'il ne comporte pas les produits chimiques psychoactifs) mais surtout parce qu'il est plus difficile à récolter et à transformer que le coton (ce qui est maintenant en cours de résolution). Pour cultiver le chanvre ici, il faut une licence et une barrière, George Fairhurst a donc conçu notre clôture pour le chanvre.

Nourriture, carburant ou plastique ? 0.17

Des variétés spécifiques de tournesol et de colza oléoprotéagineux, les principales sources d'huile en Europe, sont en cours de développement pour produire des huiles alimentaires de haute qualité, du biodiesel ou des huiles industrielles (pour la lubrification et la fabrication du plastique). Le maïs et le blé peuvent aussi être utilisés pour fabriquer du carburant (bioéthanol) et des bioplastiques. Le gouvernement a déclaré que la proportion de biocarburant au Royaume-Uni ne dépasserait pas 5% tant qu'il ne sera pas établi que sa production n'a aucun effet néfaste en particulier sur l'habitat ou un impact sur les prix alimentaires *(www.directgov.co.uk)*.

Le débat pour ou contre les produits alimentaires ou le biocarburant génère la recherche d'autres plantes comme sources de carburant. La technologie de conversion de biomasse en liquides (BTL) pourrait être une solution en transformant le surplus de paille, les déchets de bois, les tiges, les queues, etc. en syndiesel, carburant, énergie, chaleur, électricité, produits chimiques ou même en biokérosène (carburant d'aviation !). Ceci n'est pas un projet en l'air ; des biorafineries sont en cours de construction dans le monde entier. Vous pouvez en avoir une pour quelque 580 millions d'€, un rien ! Voir aussi les carburants de biomasse, 0.21 (page 38). Les sucres issus de plantes et l'amidon du blé ou du maïs sont aussi des matières premières pour la fabrication en plastique d'ustensiles de cuisine, sacs, couches à mettre au compost avec les plantes.

> L'équivalent d'un terrain de football (0,9 ha) de colza produit suffisamment de biocarburant pour alimenter une voiture pendant un an (15.000 à 20.000 km). La même surface (0,9 ha) de maïs peut produire 400.000 gobelets en plastique.

Fibres et nouveaux matériaux O.18

Le lin, les orties et le lin de Nouvelle-Zélande, utilisés traditionnellement pour la fabrication de cordages et de vêtements, ont été remplacés par des produits synthétiques. De nos jours, la mode et le prix du pétrole ont remis en scène les fibres naturelles et les biocomposites (fibres naturelles dans de la résine) dans les panneaux de nos voitures. Tirez sur le géant métallique créé par George Fairhurst pour tester la résistance des fibres naturelles.

Le côté ouest

Steppe et Prairie O.19 CLIMATE REVOLUTION

Cette exposition est la plus belle en août lorsque tout est en fleur. Le blé et l'orge proviennent à l'origine des steppes qui recouvrent de vastes étendues de l'Europe de l'est et de l'Asie centrale. Maintenant, une grande partie de ces plaines a été labourée pour cultiver des céréales. Un grand nombre d'environnements parmi ceux que nous conservons, ont été créés par l'homme. Les prairies d'Amérique du Nord ont été partiellement transformées par des feux contrôlés – d'où les arbres calcinés encore présents – pour attirer le gibier friand des jeunes pousses d'herbe et faciliter les déplacements. Ces plaines recouvraient à une époque un quart des États-Unis. Dans certaines régions, jusqu'à 99% de cet habitat a été détruit au cours des 150 dernières années. Des projets en cours visent à restaurer et à conserver cette grande diversité des prairies et à laisser les bisons les reconquérir.

Planches de surf faites de matériaux dérivés de plantes

Pourquoi conserver ? Entre autres pour fournir des services (voir pages 42/43) et des récoltes potentielles à l'avenir. Le changement de climat nous force à reprendre conscience et à apprécier la vie sauvage !

Plantes pour un climat plus chaud O.20

Plantation en bordure : les agaves, les puyas et les échiums prospèrent sur ces pentes chaudes et sèches recouvertes d'un sol minime.

Echinacée

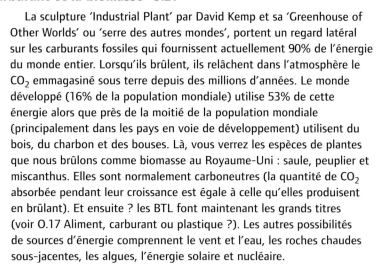

Carburant et la biomasse O.21

La sculpture 'Industrial Plant' par David Kemp et sa 'Greenhouse of Other Worlds' ou 'serre des autres mondes', portent un regard latéral sur les carburants fossiles qui fournissent actuellement 90% de l'énergie du monde entier. Lorsqu'ils brûlent, ils relâchent dans l'atmosphère le CO_2 emmagasiné sous terre depuis des millions d'années. Le monde développé (16% de la population mondiale) utilise 53% de cette énergie alors que près de la moitié de la population mondiale (principalement dans les pays en voie de développement) utilisent du bois, du charbon et des bouses. Là, vous verrez les espèces de plantes que nous brûlons comme biomasse au Royaume-Uni : saule, peuplier et miscanthus. Elles sont normalement carboneutres (la quantité de CO_2 absorbée pendant leur croissance est égale à celle qu'elles produisent en brûlant). Et ensuite ? les BTL font maintenant les grands titres (voir O.17 Aliment, carburant ou plastique ?). Les autres possibilités de sources d'énergie comprennent le vent et l'eau, les roches chaudes sous-jacentes, les algues, l'énergie solaire et nucléaire.

Conseils : A présent, plus de 90% du charbon de bois utilisé au Royaume-Uni pour les barbecues est importé. Pour changer cela, il est possible d'acheter du charbon de bois fabriqué localement à partir des forêts biodiversifiées bien gérées plutôt que du charbon de bois qui a fait la moitié du tour du monde après avoir été fabriqué à partir des forêts de mangrove en danger de surexploitation.

Mythologie et folklore O.22

Les contes permettent de conserver notre mémoire des plantes, notre équipe de Pollinisation (les conteurs) parcourent tous les lieux du site en racontant des récits. Pete Hill et Kate Munro sont les créateurs de notre Chambre des rêves du saule magique. Essayez le labyrinthe à l'intérieur !

Biodiversité ... O.23

La biodiversité est la vie dans toute sa richesse et sa diversité. Entre un et deux millions d'espèces ont été identifiées mais il pourrait y en avoir entre dix et une centaine de millions à découvrir ! Nous ne savons ni combien, ni leur rôle.

La nature est d'autant plus importante que nous en faisons partie et qu'elle nous maintient en vie. Nous pouvons aussi l'imiter (les feuilles sont l'ultime panneau solaire) et copier ses formes les plus efficaces (les hexagones des biomes et le tournesol du Core).

La vie s'adapte. Quel que soit le chaos que nous lui causions, la vie sur terre n'est pas prête de s'arrêter. Cependant, l'impact de l'homme entraîne la disparition de nombreuses espèces et avec elles, de formes de vie. En fait, les produits dont dépendent nos vies, notre économie et la société.

La perte de biodiversité est un problème grave parce que si elle s'aggrave, nous serons les premières victimes. C'est un peu comme le pilote qui constate que les rivets qui tiennent les ailes de son avion, tombent un par un. Il ne peut pas dire avec certitude combien il lui reste de temps, mais il sait qu'il ne peut pas continuer éternellement.

... et les Cornouailles

La biodiversité des Cornouailles, leurs paysages, leurs habitats et leur vie sauvage variée, ont été formés par leur climat, la géologie, la géographie et leur population.

Les landes ont été partiellement façonnées par l'homme ; elles sont apparues il y a quelque 4500 ans lorsque des coupes ont été opérées dans la forêt pour la chasse et l'agriculture. Elles requièrent une gestion continuelle pour éviter que la forêt ne reprenne le dessus. Les Cornouailles ont perdu plus de 60% de leurs landes en plaine depuis 1945. Les programmes 'Cornwall Biodiversity Initiative' (initiative pour la biodiversité en Cornouailles) et 'Cornwall Heathland Project' (projet des landes des Cornouailles), les restaurent, les protègent et les gèrent. 'Natural England' est aussi en train de recréer 650 hectares de forêts de feuillus dans les zones de kaolin. Les trois-quarts des terres des Cornouailles sont des exploitations agricoles et l'agriculture durable crée également de riches habitats. Les sculpteurs P. Martin et S. Stewart-Smith ont immortalisé dans la pierre des espèces rares que l'on trouve en Cornouailles. Chris Drury a créé la 'Cloud Chamber' ou Chambre à nuages.

De la terre : métaux, minéraux et mines   O.24

Les industries minières sont controversées mais essentielles. Il suffit de regarder autour de soi pour voir tous les ustensiles journaliers issus de l'industrie minière. Cette dernière, comme toutes les autres industries, s'efforce de trouver des solutions répondant aux défis du développement durable. Voir Re-construire la fôret (Biome Tropical), page 18, 19 et le toit du Core !

Le Core

Santé O.25

Plus de 50% des plantes sont récoltées dans la nature *(www.iucn.org)*, ce qui peut, lorsque c'est fait raisonnablement, aider à conserver l'environnement et représente une source de revenus. Demandez aux fournisseurs d'où proviennent leurs produits. Les plantes aromatiques et médicinales (par ex. la morphine dérivée du pavot) sont aussi cultivées. A l'ordre du jour, on retrouve le 'pharmage', par lequel les récoltes sont modifiées et utilisées comme usines biologiques de produits pharmaceutiques.

Teinture O.26

Le pastel (*Isatis tinctoria*) et l'indigo des teinturiers nous donnent le bleu, le jaune réséda et le rouge garance. Couleurs rejointes ici par beaucoup d'autres teintures végétales. Les tissus indigo sont à l'origine jaune d'or et tournent au bleu par oxydation dans l'air. Les teintures synthétiques répondent maintenant au plus gros de nos besoins mais de nouvelles technologies permettent aux teintures végétales de reprendre de l'intérêt.

Médécines dérivées de plantes

Atelier de teinture indigo

Papier O.27

Papier : Le papier dont l'existence n'est jamais remise en question, est essentiel à la vie de tous les jours. Il peut être résistant ou délicat, permanent ou jetable. Ressource recyclable, renouvelable et non-polluante, ce produit fait pourtant l'objet de débats acharnés dans le milieu des environnementalistes. Les plantes que nous cultivons ici peuvent être transformées en papier.

Costume en papier

Jardin en spirale 0.28

Envisagez de créer un jardin à l'école ou un jardin public ? Venez découvrir des idées économiques : spirale de saules plantés sur place et arc-en-ciel floral, chemins souples pour la promenade et des plantes agréables au toucher, des plantes étranges mangeuses de mouches et des plantes parfumées de souvenirs.

Bois 0.29

Les arbres entreposent le CO_2 sous forme de bois. Découvrez quel bois est le plus utile pour telle activité ou telle autre utilisation. L'épicéa rouge a été choisi pour la construction de l'armature du Core.

The Spiral Garden (Le Jardin en Spirale)

Le toit en bois du Core

En haut

L'arcade aux idées 0.30

Apprenez à reconnaître les réseaux trophiques en visitant le vaisseau spatial Terre avec votre pistolet à rayons, devenez une plante pendant cinq minutes, marchez délicatement sur votre monde en martelant le parquet de danse et montez sur votre tracteur pour aller prendre le petit déjeuner !

Le Core

Bienvenue dans le Core, notre centre pédagogique, artistique et événementiel au coeur du site. Au rez-de-chaussée, vous trouverez une exposition sur les 'services' fournis par les plantes (ceci complète les expositions des Biomes qui explorent les 'ressources' – appelées aussi produits). L'énorme boule de verre, le 'Plant Engine' ou machine à plantes, respire la vie dans les cloches en verre : une série d'automates représente les 'fonctions d'écosystèmes' qui nous maintiennent en vie, contrôlent notre climat,

purifient notre air, recyclent notre eau et nos déchets, capturent notre carbone et nous inspirent – tout cela gratuitement. Trois des défis les plus rudes que nous imposons à ces systèmes – le réchauffement climatique, la perte de biodiversité et l'approvisionnement en eau potable – sont examinés dans la petite serre, le réservoir d'eau et l'armoire aux curiosités.

Notre casse-noix géant pose des questions sur l'énergie et la transformation de nos aliments, carburants, médicaments et matériaux – et il casse des noix ! Le dossier Ressources se penche sur les grandes questions : le monde peut-il être alimenté, fourni en énergie et guéri et qu'en est-il de notre monde matériel ? Rappelez-vous, quel que soit le problème, lorsqu'un tiroir se ferme, un autre s'ouvre. Ajoutez vos idées sur les portes des réfrigérateurs.

Le premier étage abrite nos grands programmes scolaires, les expositions temporaires, les films, les ateliers et les conférences ouverts au public. Les écoles locales ont réalisé de magnifiques mosaïques représentant les cycles de la nature pour décorer les sanitaires du premier étage.

Le cycle de l'eau est aussi symbolisé par les fenêtres de Susan Derges autour de la terrasse solaire au deuxième étage où vous trouverez également des nourritures spirituelles et terrestres dans le café-restaurant 'Jo's Café' qui accueille de superbes manifestations saisonnières.

Le bâtiment, dessiné par Grimshaws et financé par la Millennium Commission, la South West Regional Development Agency et le programme Cornwall Objective One, est une exposition de plein droit. Le corps central et le toit en voûte qui collecte les rayons du soleil sont inspirés de la forme d'un arbre en imitant le concept fondamental de la croissance naturelle, des spirales opposées sur la base de la séquence de Fibonacci : 0, 1, 1, 2, 3, 5, 8, 13, 21, 34 ... où chaque nombre est la somme des deux nombres précédents. Les spirales sur une pomme de pin, un ananas et un tournesol, comme notre toit, représentent normalement deux nombres consécutifs de cette séquence. Un tournesol n'est pas une fleur mais un grand nombre d'entre elles qui ont sacrifié leur individualité pour créer quelque chose de plus important que la somme des parties qui le composent. Comme une fleur de tournesol, ce toit représente la collaboration et l'importance de travailler ensemble. La graine géante en granit de Peter Randall-Page qui marrie l'art et l'architecture, transporte le concept au centre du Core, et implante un symbole d'espoir de nouvelles idées pour le 21ème siècle.

Le Core explore la durabilité dans la construction. Le critère fondamental : être apte à remplir sa fonction, intemporel et utiliser des matériaux acquis de façon responsable. Les carreaux en terre glaise portent les empreintes de ceux qui ont participé à l'érection du bâtiment. Le toit a été construit à partir de poutres lamellées-collées fabriquées à partir du bois fourni par le FSC (Conseil de gestion forestière) suisse et l'origine du cuivre remonte à une seule mine Rio Tinto renommée pour ses normes environnementales et sociales strictes. Nous examinons maintenant la certification de métaux et de minéraux issus

de sources responsables pour l'ensemble de la chaîne d'approvisionnement de l'industrie du bâtiment (www.edenproject.com/mineralstewardship). Le rendement énergétique, une faible empreinte carbone et l'accessibilité consituaient tous des critères essentiels. Le Core est équipé de panneaux photovoltaïques, les sols sont recouverts de matériaux recyclés à base de végétaux, l'isolation est excellente et la production de déchets a été minimisée pendant la construction. Nous partageons maintenant les leçons que nous avons apprises sur la construction durable.

La graine géante

43

Le Biome Méditerranéen

Bienvenue ! Entrez tous – le monde des Régions Tempérées Chaudes

Vous découvrirez :

Le paradis méditerranéen

La corne d'abondance californienne

Le jardin sud-africain

L'histoire et les olives

Les oranges et la poussière

Les déserts fertiles

Le berceau de la culture

Né du feu et de la sécheresse

W.01 Introduction au Biome Méditerranéen

W.02 Le bassin méditerranéen

W.03 Afrique du Sud

W.04 Californie

W.05 Récoltes et cultures

W.06 Liège

W.07 Fruits

W.08 Tabac

W.09 Le jardin méditerranéen

W.10 Agrumes

W.11 Vignes

W.12 Petites graines

W.13 Fleurs coupées

W.14 Systèmes de culture

W.15 Olives

W.16 Perfume

La piste de l'histoire des aliments

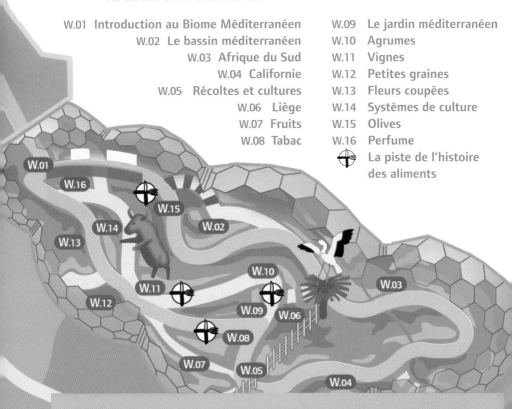

Dimensions : 30 m de hauteur et 6540 m²(plus d'un demi-hectare) **Plantes :** Plus de 1000 espèces et plantes cultivées différentes **Température :** 9°C minimum l'hiver, 25°C maximum l'été **Confort :** Nos Biomes, contrairement au verre, transmettent les rayons UV, il vous faudra donc porter votre chapeau de soleil !

Les climats de type méditerranéen (au sein de la zone tempérée chaude), avec leurs étés chauds et secs et leurs hivers froids et humides, se situent généralement entre les latitudes 30–40°N ou S sur la partie ouest des continents. Dans ce Biome, vous ferez l'expérience des paysages, des odeurs et des récits de Méditerranée, d'Afrique du Sud et de Californie. Nous aimons profiter de ces climats, mais les plantes natives doivent faire face à des périodes de sécheresse sur un sol pauvre et peu épais. Certaines portent des petites feuilles grises et poilues, d'autres fabriquent des huiles protectrices, certaines sont épineuses, à feuilles persistantes et/ou cireuses. Toutes ces caractéristiques permettent de réduire les pertes en eau et rendent les plantes moins appétissantes pour les insectes ou autres grands animaux. Ces plantes très résistantes vivent dans des environnements fragiles : le pâturage intensif érode les sols, les plantes importées menacent les espèces indigènes et de plus en plus de terres sont développées. Venez découvrir comment l'eau et les fertilisants ont

permis de créer d'immenses potagers pour la culture de légumes, des vignes, des vergers et des exploitations de culture de fleurs. Constatez les défis, les impacts et les solutions, envisagez l'avenir de la terre et de ses peuples. L'évolution du climat pourrait rendre ces conditions encore plus difficiles.

A votre gauche (en passant par le portail noir), un jardin méditerranéen typique avec des plantes adaptées au climat qui créent une agréable zone ombragée. Au-delà du clocher, des marches montent jusqu'au panorama en traversant le maquis et la garrigue.

Les groupes de résistants français avaient pris le nom de Maquis pendant la guerre parce que c'est dans ce paysage montagneux couvert de chênes verts, genévriers et genêts qu'ils se cachaient. La garrigue, avec ses plantes plus petites et beaucoup d'herbes, pousse dans les endroits moins humides. Ces deux habitats contiennent des plantes, des insectes et des reptiles uniques qu'il est facile de ne pas remarquer du fait de l'absence d'oiseaux ou de mammifères spectaculaires. La route du bas, sans marches, mène le long d'un chemin en mosaïque 'Or liquide' créé par Elaine Goodwin pour commémorer la tradition de production d'huile d'olive, symbole de vie et de divinité. Vous apercevrez les images discrètes de colombes – une pour chaque nation méditerranéenne.

Les paysages méditerranéens ont été principalement conçus par l'homme, défrichés pour les cultures depuis des milliers d'années, y compris les oliveraies et les vignes qui sont au coeur de la civilisation méditerranéenne. Les anciennes oliveraies en terrasse supportent plus d'espèces d'animaux qu'une pinède. De nos jours, une grande partie des habitants quitte les fermes des montagnes pour travailler sur la côte. Les chèvres restent et défoncent les terrasses en broutant. L'achat de produits alimentaires traditionnels et naturels, la recherche de la qualité de la vie, les vacances à la ferme : toutes ces activités aident à la conservation de ces environnements fragiles en supportant les communautés locales.

Poursuivez votre voyage au-delà de l'équateur en :

Afrique du Sud W.03

Au Royaume floral du Cap où plus de 1400 espèces de plantes sont rares ou en danger. Le Fynbos, avec environ 7000 espèces (dont 5000 uniques à cette région), recouvre 80% de ce royaume. 'Fain-boss', Afrikaans pour 'fine bush' ou buisson fin, se rapporte aux arbustes à feuilles persistantes qui poussent sur ce sol pauvre en nutriments et brûlent facilement. Ces plantes comprennent des restioïdes ressemblant à des joncs, des bruyères et des protéoïdes avec leurs superbes fleurs en forme de plumes. Formé il y a des millions d'années sur les cendres des forêts frappées par la sécheresse, depuis les années 60, le Fynbos est entretenu au moyen de feux contrôlés.

Le Fynbos est pourtant mis en danger par le développement de l'agriculture et des zones urbaines, les incendies incontrôlés et l'invasion d'espèces d'arbres d'origine étrangère.

Little Karoo : Dans cette vallée semi-aride derrière la chaîne de montagnes qui bordent la côte sud, la terre cuit à 50°C l'été, gèle l'hiver et souffre de périodes de forte sécheresse. Aujourd'hui, la plus grande partie de cette vallée est irriguée pour les cultures mais les collines alentours supportent des plantes grasses, des aloès et des espèces de marguerites.

Namaqualand : Ce désert rouge, à quelque 400 km au nord de Cape Town, fleurit comme une moquette multicolore après chaque pluie hivernale. Différentes espèces germent d'une année sur l'autre, en fonction de la période des pluies, se partageant le peu d'eau chacun leur tour. Descendantes de ces plantes sauvages, les pélargoniums et les marguerites, sont des favorites des jardiniers.

Eden coopère avec ...

Le collège Green Futures en Afrique du Sud. Les étudiants sont enrôlés dans les townships, localement et dans l'Eastern Cape où il y a un fort taux de chômage. Ils étudient la conservation, l'horticulture et l'écotourisme. Ce programme permet de conserver les plantes locales et les habitats, de sensibiliser la population aux problèmes, de développer des compétences et de créer des emplois. Notre personnel travaille là-bas aussi et nous recevons leurs étudiants ici-même. *www.greenfutures.co.za*

Protées d'Afrique du Sud

Californie W.04

En Californie, les récoltes naturelles étaient si abondantes à une certaine époque que les indigènes n'avaient aucun besoin de développer l'agriculture. De nos jours l'exploitation intensive a conquis les vallées. Le céanothe et le pavot de Californie, des favoris de nos jardins, poussent ici à l'état sauvage. Parmi les buissons épineux du 'chaparral', on trouve des espèces moins communes – céanothe arborescent, toyon et une espèce de chêne blanc, le 'chaparro') qui a donné son nom aux guêtres portées par les cowboys pour protéger leurs jambes des épineux. Le chaparral, la prairie et les forêts de chênes étaient les résultats de milliers d'années de feux contrôlés par les indiens d'Amérique.

A présent, les conflits n'opposent pas les cowboys aux Indiens mais les conservationnistes, les promoteurs et les agriculteurs. L'eau d'irrigation a pris une telle valeur que les activistes environnementaux prennent des injonctions contre les agriculteurs pour qu'ils laissent un minimum de débit dans les rivières. La Californie a une immense consommation de ressources et une grande accumulation de richesses qui représentent bien sûr un coût social et environnemental. Mais la région est aussi le lieu de naissance de technologies innovantes et la population est parmi la plus consciente des questions environnementales, à la recherche de solutions aux problèmes dont elle a hérité.

Récoltes et cultures W.05

Le polytunnel d'entrée donne sur des exemples de zones cultivées qui produisent nos légumes, nos fruits et nos fleurs. Ces industries intensives requièrent des fertilisants, de l'eau, des pulvérisations et elles utilisent souvent une main d'oeuvre de migrants. La pression monte pour se tourner vers une agriculture énergétiquement rentable, à faible apport et diversifiée.

Le liège W.06

Les plantations de chêne-liège et ses pâturages produisent du liège et du jambon de haute qualité. Le liège est découpé dans l'écorce des arbres arrivés à maturité, tous les 10 ans environ pendant quelque 200 ans. Aucune autre espèce d'arbre ne survivrait à un tel traitement mais ceux-ci régénèrent leur écorce. Chaque bande de liège produit environ 4000 bouchons. Le jambon provient des porcs ibériques qui se nourrissent des glands, représentés ici par les sculptures en liège de Heather Jansch. Heather a aussi créé l'énorme cigogne blanche qui nous rappelle la grande valeur de ces habitats pour un grand nombre de plantes et d'animaux y compris la cigogne justement, le lynx ibérique et le rare vautour noir. La société royale pour la protection des oiseaux, la RSPB s'efforce de protéger les plantations de chênes-lièges et de promouvoir les industries dont bénéficient les communautés rurales locales. L'association portugaise du liège, APCOR, fait campagne dans le monde entier pour promouvoir l'utilisation du liège dans le monde entier.

Fruits W.07

Pêches, nectarines, loquats et kiwis de Chine sont arrivés en Méditerranée et en Californie pour absorber le soleil et l'eau des canaux d'irrigation.

Tabac W.08

Le tabac a été rapporté en Europe à l'origine par Christophe Colomb. Il a été accueilli par certains comme un médicament miracle, des siècles avant qu'il soit associé au cancer. Le commerce du tabac était hautement profitable par les revenus des taxes, de la contrebande et de l'esclavage. D'ici 2025, le tabac pourrait avoir autant tué que la dysenterie, la pneumonie, la malaria et la tuberculose combinées. La culture du tabac épuise le sol, requiert de nombreuses pulvérisations et cause la déforestation. Par contre, il représente le seul moyen d'existence de nombreux agriculteurs dans les pays en voie de développement et il pourrait potentiellement avoir un autre emploi comme 'cobaye' du monde des plantes. Les scientifiques sont en train de développer un vaccin contre la carie dentaire à partir de tabac OGM et travaillent également sur un vaccin contre le lymphome non-hodgkinien, un cancer du système lymphatique. Note : Cette exposition se tient uniquement en été.

Le jardin méditerranéen W.09

Le régime méditerranéen classique de légumes et de fruits frais, d'huile d'olive et d'un peu de vin rouge est associé à une bonne santé et une longue vie. Vous pouvez l'essayer dans notre 'Med Kitchen', (la cuisine méditerranéenne) et cultiver vos propres légumes chez vous en utilisant les graines italiennes que vous trouverez dans notre boutique.

Agrumes W.10

La famille des agrumes aime à se diversifier. Les clémentines sont issues d'un croisement entre les mandarines et les oranges amères de Séville, les tangelos ont été crées à partir des tangerines et des pamplemousses. Les agrumes sont source de vitamine C et de nutraceutiques (plus de détails dans le café du Core. Les huiles d'agrumes sont utilisées dans les parfums, produits de nettoyage, agents antibactériens et comme substituts des CFC.

Vignes W.11

Tim Shaw a créé ce bacchanal sauvage où des Ménades dansent en reflétant les formes des vignes autour de leur dieu, ici sous les traits d'un taureau. Bacchus (ou Dionysos) avait au départ des bonnes intentions comme dieu de la végétation. Tout a changé lorsqu'il a franchi le pas entre la culture de la vigne et la dégustation du jus fermenté de ses fruits – c'était l'heure de la fête ! La terre, comme Dionysos, a changé. Ici, il se tient entre les anciens paysages cultivés de la Méditerranée et les terres irriguées des exploitations intensives modernes.

Petites graines W.12

Ces moissons, qui nourrissent déjà des millions de personnes qui vivent de peu, ont un énorme potentiel pour l'avenir au vu du changement de climat et du manque d'eau. Note : Cette exposition se tient uniquement en été.

Sorghum bicolor: Plante africaine résistante à la sécheresse. La 5ème céréale la plus importante au monde.

Millet commun: Il connaît un regain de popularité en Europe de l'est. Il est cultivé comme produit alimentaire sans gluten.

Millet des oiseaux ou sétaire d'Italie : Récolte importante dans l'est de l'Asie. En Chine, il est cultivé dans les régions sèches du nord du pays. En Europe et en Amérique du Nord, il est utilisé pour faire du foin et de l'ensilage et encore comme aliment pour les oiseaux

Sésame: Une des graines oléagineuses les plus anciennes. Cultivé en Chine, en Inde, en Afrique, aux États-Unis et en Amérique centrale et du sud.

Fleurs coupées W.13

Les Britanniques adorent les fleurs coupées. 85% sont importées de Hollande, Colombie, Israël, Équateur, Espagne, Italie, Éthiopie, Kenya et autres. Elles sont la source de nombreux défis environnementaux et sociaux mais également d'emplois potentiels permettant de sortir de la pauvreté. Vérifiez l'étiquette. Dites-le avec des fleurs … issues de cultures durables ! Note : Cette exposition se tient uniquement en été.

Systèmes de culture W.14

L'eau se fait de plus en plus rare. Des technologies nouvelles ou anciennes sont développées pour réduire l'utilisation d'eau et explorer la réutilisation de l'eau de mer propre ou des eaux usées. Les systèmes représentés comprennent : la serre à eau de mer 'Seawater Greenhouse', le système de distribution d'eau 'Autopot' et le fantastique système Dutyion™, un plastique d'hydratation des racines.

Olives W.15

A une époque, l'huile d'olive approvisionnait les lampes à huile. Les braves, les sages et les riches en étaient oints et cet or liquide servait à embaumer les morts. Elle est maintenant utilisée principalement en cuisine où elle est censée réduire le taux de cholestérol et les risques de troubles cardiaques. La production est en hausse mais un effort est fait pour réduire aussi les apports chimiques. Nos plus vieux oliviers sont venus de Sicile après avoir atteint la fin de leur vie productive. Debbie Prosser a fabriqué les cuves à huile d'olive.

Parfums W.16

Le parfum de violette, une bouffée de menthe – quels sentiments produisent-ils en vous ? L'odeur s'adresse directement au coeur des émotions et de la mémoire dans une des parties les plus retirés du cerveau. Les plantes utilisent les odeurs pour attirer les pollinisateurs et repousser les prédateurs.

Est-ce que nous utilisons aussi les parfums pour signaler, séduire ou prévenir, comme les plantes, ou pour notre simple plaisir et confort ? Nous pouvons détecter plus de 10.000 odeurs différentes et les parfumeurs utilisent ce don à temps plein, en fabriquant des parfums à partir d'une grande variété d'extraits de plantes exactement comme les compositeurs utilisent les notes pour créer des mélodies.

Le Biome Méditerranéen est beaucoup plus saisonnier que le Biome de la forêt tropicale humide et de nombreuses zones accommoderont des expositions de récoltes temporaires de temps en temps.

Le Biome Tropical

H.01 Bienvenue dans le Biome Tropical
H.02 Les îles tropicales
H.03 La Malaisie
H.04 L'Afrique de l'Ouest
H.05 L'Amérique du Sud Tropicale
H.06 Récoltes et cultures
H.07 Soja

H.08 Gomme et Cola
H.09 Caoutchouc
H. 10 Reconstruire la forêt
H.11 Cacao et chocolat
H.12 Palmiers
H.13 Café
H.14 Sucre
H.15 Mangues

H.16 Bananes
H.17 Fruits tropicaux
H.18 Bambou
H.19 Biocarburants tropicaux
H.20 Ananas
H.21 Épices
H.22 Cajou
H.23 La vie dans les cimes des arbres
La piste de l'histoire des aliments

H.07 H.08 H.09
H.05 H.06
H.10 H.11 H.12
H.14
H.13 H.15
H.19 H.18
H.20
H.02 H.21 H.17
H.16
H.22
H.03 H.23
H.01
H.04

Dimensions : 240 m de long, 110 m de largeur, 50 m de hauteur, 15.590 m² **Plantes :** Plus de 1100 espèces différentes et plantes cultivées **Température :** échelle de 18°C à 35°C **Confort :** Sièges et fontaines d'eau potable partout et une pièce fraîche dans la zone Afrique de l'Ouest (H.04) en cas d'urgences.

Bienvenue dans le Biome Tropical   H.01

Les régions tropicales humides se situent entre les Tropiques du Cancer et du Capricorne approximativement aux latitudes 23,5° N et 23,5° S. La température moyenne est de 25°C toute l'année (±5°C), avec plus de 90% d'humidité et 1500 mm de précipitations annuelles.

Traversez les forêts torrides de Malaisie, d'Afrique de l'Ouest et d'Amérique du Sud dans la plus grande serre du monde. Ce Biome concerne le commerce et les interrelations : vous trouverez une petite exploitation de cacao pour la fabrication du chocolat, vous comparerez un jardin malais au vôtre, vous verrez les énormes navires de la marine marchande. Ces lieux sont à une grande distance les uns des autres mais ils nous sont liés.

Les plantes des forêts tropicales du monde entier ont évolué pour s'adapter aux conditions chaudes et humides. Beaucoup d'entre elles ont des grandes feuilles brillantes avec des 'gouttières' et sont pointues pour laisser s'écouler l'excès d'eau. Les racines des arbres sont montées sur échasses ou en forme de piliers pour les supporter dans le sol peu profond. Les forêts tropicales sont pleines de vie ; chaque semaine, de nouvelles espèces sont découvertes. Certaines comme le cacao et le caoutchouc ont été cultivées commercialement et bien d'autres suivront. Mais ce n'est pas simplement une question de récolte. Ces immenses écosystèmes ont une fonction environnementale essentielle : ils absorbent le CO_2 pour pousser et rejettent de l'oxygène, ils nettoient l'air, fabriquent la pluie et contrôlent notre climat. Leurs nuages reflètent la chaleur et participent au refroidissement de la terre. Ils font aussi un tas de choses que nous ne comprenons pas encore. Ce que nous savons, c'est que la conservation de la forêt tropicale est vitale. Elles sont défrichées pour l'agriculture, l'exploitation minière, le développement et le bois. Mais elles peuvent aussi repousser ou être replantées et gérées de manière durable à l'avenir.

Iles tropicales : conservation du sol H.02 CLIMATE REVOLUTION

Vous marcherez le long des mangroves qui font le lien entre la terre et la mer, aident à protéger la côte (par ex. contre les tsunamis). Elles sont une source de carburant, de bois et un habitat pour les poissons. Puis vous irez sur les îles isolées : l'habitat de nombreuses plantes et animaux rares, reliques d'un monde perdu, espèces uniques, des formes de vie étranges … tous irremplaçables. Le changement du climat, l'invasion d'espèces agressives, l'installation de communautés humaines et le tourisme sont de sérieuses menaces. Les communautés insulaires isolées ont souvent trop peu de ressources pour leur permettre de supporter leur responsabilité globale de conservation de la biodiversité. Les programmes de conservation offrent un certain espoir.

Le rare cocotier de mer des Seychelles est maintenant protégé. Ses graines, les plus grosses du monde, ressemblent à des fesses géantes, raison pour laquelle elles ont été surexploitées comme trophées et sont perçues comme des aphrodisiaques. Chaque graine est maintenant immatriculée. La nôtre (un cadeau des Seychelles) a germé cinq ans après sa plantation : un des rares spécimens au Royaume-Uni, le cocotier pousse très lentement en ne produisant qu'une feuille par an.

Architectes sans Frontières – une association à but non-lucratif étend le rôle et la responsabilité de l'architecture en association et au profit du secteur de la société le plus désavantagé dans les environnements précaires à l'échelle mondiale (*www.asf-uk.org*). Vous verrez dans les mangroves, leurs abris faits de matériaux naturels et recyclés.

Malaisie : Orang dan Kebun (peuple et jardin) H.03

Le jardin malais contemporain fournit des provisions toute l'année. Le programme de la Royal Society SE Asia pour les forêts tropicales (Vallée du Danum) et les petits agriculteurs (Sabah, Malaisie) ont aidé à sa création. Les herbes potagères et les fleurs poussent au plus près de la maison, puis les légumes, les fruits et les autres arbres producteurs tout au fond. Le haricot à côtes remplace le haricot grimpant ; ils aident à la refertilisation du sol. Pak choi, taro et riz remplacent choux, carottes et pommes de terre.

Le jardin procure également des matériaux de construction, des produits médicinaux et des produits qu'ils troquent ou vendent au marché local. L'arbre miracle, le moringa oleifera, produit des feuilles, des haricots, des fleurs et des racines consommables ; ses graines peuvent être utilisées comme filtres à eau et son huile dans l'horlogerie. Tout près, le neem ou margousier a reçu le titre d'arbre oriental le plus utile. C'est une source de médicament, de carburant, de nourriture et d'insecticides naturels. Comparez ce jardin avec le vôtre et l'exposition Jardiniers du globe du Biome Extérieur.

Il y a une rizière à gauche du chemin. En Asie 'le riz est la vie', culturellement et spirituellement crucial à la vie des populations. Les scientifiques ont récemment croisé des riz asiatiques et africains pour créer le 'nouveau riz pour l'Afrique'.

Afrique de l'Ouest : gestion de la terre H.04

Les totems ont été créés par le sculpteur ouest africain El Anatsui dans du bois carbonisé recyclé à partir d'une partie des docks de Falmouth détruite par un incendie. Ce bois venait à l'origine d'arbres coupés en Afrique de l'Ouest.

Dans le sud-ouest du Cameroun, les agriculteurs nourrissent le sol et la population, ils gagnent leur vie et maintiennent une couverture d'arbres forestiers utiles. A votre droite, il y a le 'penjaw' : des clairières sont créées dans la haute forêt en conservant des arbres sélectionnés qui fournissent des fruits, des épices et des produits médicinaux. Le café et le cacao poussent à l'ombre de ces arbres utiles.

Plus loin, la 'Chop Farm' montre les premières étapes de la création d'une clairière dans la forêt pour l'agriculture. Les cultures comme le maïs, l'arachide et le manioc offrent un régime alimentaire équilibré et un revenu, à côté des papayes, mangues et des légumes.

Projet de conservation Ballabu – Notre bantaba (lieu de réunion) dans la clairière a été créé avec l'aide du projet Ballabu qui espère réaliser des projets durables dans et autour de 14 villages de Gambie. Nous vous informerons des progrès sur place et ici. Le bantaba : un lieu pour se réunir, conter des histoires, parler affaires, bavarder, chanter et se divertir.

Amérique du Sud tropicale : déplacement des cultures et récolte de plantes

Prenez la route du haut qui passe devant la chute d'eau pour avoir une vue imprenable sur ce travail remarquable des artistes chamaniques péruviens Montes Shuna et Panduro Baneo (avec le support de l'Arts Council et de l'October Gallery). Leurs images de la vie des esprits des plantes de la forêt tropicale montrent comment les mythes permettent de propager les connaissances des cultures locales. Note : il y a des marches abruptes à l'autre extrémité de cette route du haut.

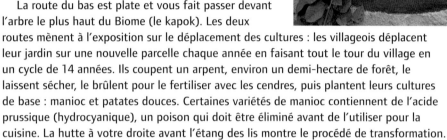

La route du bas est plate et vous fait passer devant l'arbre le plus haut du Biome (le kapok). Les deux routes mènent à l'exposition sur le déplacement des cultures : les villageois déplacent leur jardin sur une nouvelle parcelle chaque année en faisant tout le tour du village en un cycle de 14 années. Ils coupent un arpent, environ un demi-hectare de forêt, le laissent sécher, le brûlent pour le fertiliser avec les cendres, puis plantent leurs cultures de base : manioc et patates douces. Certaines variétés de manioc contiennent de l'acide prussique (hydrocyanique), un poison qui doit être éliminé avant de l'utiliser pour la cuisine. La hutte à votre droite avant l'étang des lis montre le procédé de transformation. Après la récolte, la forêt reprend ses droits sur la parcelle qui sert aussi de jardin naturel, fournisseur de nourriture, de carburant, de médicaments et de matériaux.

Récoltes et cultures   H.06

Un grand nombre de produits que nous utilisons proviennent des régions tropicales. Will Jackson et Paul Spooner nous ont apporté l'arche où les produits (boissons au cola, petits gâteaux et chewing-gum) rencontrent leurs créateurs.

Soja H.07

Cultivé à l'origine en Chine il y a environ 5000 ans, le soja a traversé l'Asie et l'Inde pour arriver en Europe dans les années 1700. Nous le trouvons de nos jours dans quelque 70% de nos produits de supermarchés. Plein de protéines, contenant peu de graisses saturées et aucun cholestérol, le soja a longtemps été utilisé au lieu de la viande pour la santé – et comme alternative aux produits laitiers. Bon pour nous, mais qu'en est-il de la planète ? Avec une zone de culture représentant environ une fois et demie la surface de la France, la plus grande partie au coeur des forêts tropicales, l'impact de la déforestation et de la dégradation du sol est énorme. Avec une forte demande de soja pour nourrir le bétail, produire de l'huile végétale et maintenant des biocarburants, la pression sur la déforestation s'accroît. La table ronde sur la culture durable du soja *(www.responsiblesoy.org)* réunit les producteurs, les revendeurs, l'industrie et les ONG pour promouvoir la production, la transformation et le commerce économiquement viables, socialement équitables et environnementalement durables du soja. En tant que consommateurs, nous pouvons apporter notre aide en choisissant des produits contenant du soja issu de cultures durables. (Voir aussi les Cultures qui nourissent le monde O.03, Biome Extérieur.)

Cola/Chewing gum H.08

Le cola, un arbre africain dont les graines sont riches en caféine, est au coeur des cultures traditionnelles de l'Afrique de l'Ouest. Le cola, une boisson pétillante parfumée, fait partie de la nouvelle culture globale. Le chicle, un latex laiteux recueilli des sapotilliers, *Manilkara zapota*, peut être transformé en gomme. Ce procédé n'endommage pas l'arbre et pourvoit un revenu aux populations locales. Le fruit est également très bon !

Caoutchouc H.09

L'arbre à caoutchouc d'Amérique du Sud, *Hevea brasiliensis*, a été exploité pour son latex laiteux depuis des siècles pour faire des bottes et des balles en caoutchouc. Au 18ème siècle, des scientifiques européens se sont lancés dans les vêtements de pluie et les cathéters. La demande exponentielle pour les pneus de voitures a déclenché une recherche frénétique de plantes à caoutchouc dans le monde entier, suivie de l'industrie de la culture des arbres à caoutchouc en Asie. Puis vint une demande accrue, une fourniture à la mesure, un excès de production, des plans complexes de restriction de la production et de la rivalité. Les guerres ont restreint l'approvisionnement et stimulé l'introduction du caoutchouc synthétique fabriqué à partir du pétrole. L'augmentation du prix du pétrole et du marché des préservatifs et gants en caoutchouc avec l'apparition du sida a permis au caoutchouc naturel de reprendre une part de marché. Le vrai caoutchouc était aussi requis pour des produits de spécifications élevées comme les pneus d'avion. Aujourd'hui, une partie du caoutchouc provient de petites exploitations et de zones de forêts tropicales désignées plutôt que de plantations. Ensuite ? Les chercheurs travaillent sur la production d'albumine, une protéine du sang humain destiné aux transfusions, à partir du latex de l'arbre à caoutchouc.

Reconstruire la forêt H.10

6 millions d'hectares de forêt primaire sont détruits ou modifiés chaque année (FAO). C'est un peu plus que la surface de notre Biome Tropical toutes les 10 secondes, plus de 7 par minute. Il n'est pas trop tard pour y remédier ! La plantation d'arbres pionniers recrée rapidement une canopée, supprime la pousse des mauvaises herbes, attire les animaux qui apportent d'autres graines et nourrissent les espèces d'arbres à bois. Eden participe à des projets dans ce sens.

Forest Restoration Research Unit (FORRU) – En Thaïlande du nord-ouest, initiative de l'université Chiang Mai qui aide la restauration d'écosystèmes forestiers riches en biodiversité (ci-dessous). Les scientifiques travaillent avec les communautés locales sur le développement de pépinières et de plantations d'arbres et aident à accélérer la régénération naturelle de sites dénudés dans les zones de conservation de la forêt tropicale. FORRU gère des programmes de formation pour partager ses connaissances acquises. Nous échangeons du personnel et nous apportons notre aide à la formation et aux expositions. *www.forru.org*

Exploitations minières et forêts – Il y a souvent des ressources minérales importantes sous les forêts. Les compagnies minières responsables travaillent avec les populations locales pour montrer que les mines peuvent stimuler le développement économique et que le paysage après l'exploitation des mines offre simultanément de nouvelles possibilités de replanter des forêts pour reconquérir la biodiversité et d'être utilisées profitablement par l'homme.

Opérations minérales de Rio Tinto à Richard's Bay – Richard's Bay Minerals restaure une forêt sur des dunes dans le cadre d'un projet d'envergure mondiale sur la côte nord-est de l'Afrique du Sud. *www.rbm.co.za/site/dune-rehabilitation*

Opérations minières QMM de Rio Tinto à Madagascar – Situé dans le sud-est de Madagascar, le project minier controversé de QMM a compté 20 années de travaux de recherches et de régénération de la forêt en association avec les communautés locales avant l'ouverture de la mine. *www.riotintomadagascar.com*

Darwin Initiative Project – pour la protection des forêts fragiles. Ce projet finance Eden pour aider à la conservation des forêts de Misiones, un reste menacé des forêts primaires atlantiques sous-tropicales en Argentine, en développant un plan de gestion durable pour la réserve de biosphère de Yabotí. L'exploitation du bois et l'agriculture intensive n'ont laissé que 5% de ce lieu important de la biodiversité globale qui est aussi essentielle à la survie de la population locale de Guaranís.

Cacao et chocolat H.11

Les fèves de cacao, fermentées avec des piments, étaient la boisson des nobles maya et aztèques. Les conquistadors ont rapporté le cacao en Europe. Plus tard, il a été transformé en chocolat sucré. Exclusivement pour les riches à l'origine, c'est maintenant un plaisir pour la plupart d'entre nous.

Le cacao est principalement cultivé sur des petites exploitations d'Afrique de l'Ouest. Les scientifiques travaillent en coopération avec la Food & Drink Federation et l'industrie du cacao pour croiser les arbres à cacao d'Afrique de l'Ouest avec leurs ancêtres sauvages des forêts tropicales d'Amérique du Sud pour créer une variété résistante aux maladies. Ceci permettra d'utiliser une quantité moindre de produits chimiques et de réduire la déforestation de nouvelles parcelles.

Il y a environ 2,5 millions d'exploitants de cacao. Au Ghana, le gouvernement fixe le prix par kilo tous les ans et il s'applique à tous les exploitants. Dans les pays où le marché est libre, les prix peuvent fluctuer quotidiennement en fonction des prix du marché du cacao à Londres et à New-York. L'industrie du chocolat au Royaume-Uni supporte des programmes d'amélioration du niveau de vie des exploitants et de protection des prix locaux contre les fluctuations. Le commerce équitable est une de ces approches, il garantit aux producteurs un prix stable qui couvre leurs coûts de production et un surplus qu'ils peuvent réinvestir dans l'entreprise et dans des programmes sociaux et environnementaux.

Palmiers H.12

Sous les tropiques, les palmiers sont utilisés pour la construction des murs, des toitures en chaume, la fabrication de cordage et de bateaux, de sagou, de sucre et d'huile de cuisine. Nous utilisons surtout les noix de cocos comme aliment (copra), fibre (coir), piña coladas, shampoing et paillassons, mais un palmier règne en maître absolu. L'huile de palme se retrouve dans la plupart de nos plats préparés, produits de nettoyage et produits de beauté. L'offre est à la poursuite de la demande et les plantations piétinent les forêts tropicales.

En 2002 la table ronde sur la production durable d'huile de palme (RSPO) a été établie pour répondre à ces inquiétudes et promouvoir une production et une utilisation durable de l'huile de palme. Un système de certification est en cours d'essai, mais il est encore très difficile pour les consommateurs d'établir la durabilité de la source de l'huile de palme utilisée dans les produits qu'ils achètent. (*www.sustainable-palmoil.org*). (Voir Biocarburants tropicaux, H.19).

Café H.13

Jusqu'à récemment ; le café était l'un des produits tropicaux les plus précieux, pourtant moins de 10% du prix de détail revient au pays exportateur. Une grande partie de la récolte de grains de café se fait encore à la main parce qu'ils mûrissent à des moments très différents, la main d'oeuvre reste donc importante et les revenus limités. Bien que les prix aient commencé à monter après une chute de plusieurs années, les producteurs se sentent contraints de passer à la mécanisation qui augmente la productivité mais réduit la qualité. Des programmes de certification ont été introduits qui prévoient le paiement d'une prime pour la production de café issu d'exploitations durables. Notre café de marque Eden est fabriqué à partir de grains certifiés par la Rainforest Alliance, récoltés à l'ombre de divers arbres qui favorisent une plus grande biodiversité et peuvent atténuer les effets attendus de l'évolution du climat tels que l'élévation de la température et les périodes de sécheresse.

Sucre H.14 CLIMATE REVOLUTION

Le sucre est tiré de la canne à sucre sous les tropiques et de la betterave sucrière dans les zones tempérées. Au 14ème siècle, nous utilisions environ l'équivalent d'une cuillère à café par an de cette 'épice luxueuse'. Maintenant, notre consommation annuelle est d'environ 35 kg et les récits de diabète, d'obésité et de dégradation des dents sont monnaie courante.

La consommation de sucre dans le monde augmente encore mais les modifications et la réglementation des pratiques commerciales et la situation des carburants fossiles ont ouvert des nouveaux marchés. La canne à sucre est considérée comme une bonne source pour la production d'éthanol. Elle ne se fait pas prendre au piège du débat entre la production d'aliments ou de carburant (comme le maïs) et l'industrie dit que la culture de la canne à sucre n'envahit pas la forêt tropicale. La bagasse, le déchet de la fabrication du sucre de canne, peut aussi être brûlée pour générer de l'électricité (voir Biocarburants tropicaux, H.19). Sept millions de personnes travaillent dans l'industrie sucrière dans le monde entier, beaucoup dans des pays en voie de développement. Le sucre issu du commerce équitable et le sucre biologique voient aussi croître leur part de marché. Eden utilise du sucre issu du commerce équitable.

Mangues H.15

Pour nous, c'est un fruit délicieux, pour d'autres une nourriture vitale. La chair est source de médicaments et permet de faire du vin, le noyau de l'huile des produits de beauté et le bois sert à fabriquer les tambours et le mobilier traditionnels. Les mangues sont cultivées en Inde depuis environ 5000 ans. Les arbres sont plantés pour libérer les âmes des ancêtres Hindous et le fruit symbolise l'immortalité et l'amour.

Bananes H.16

Plus de 85% des bananes récoltées sous les tropiques restent sur place et représentent l'alimentation de base de millions de personnes. Différentes variétés que l'on peut voir pousser ici, servent à préparer des plats salés ou sucrés, des jus de fruits, à faire du vin et de la bière. Dans la première hutte, vous découvrirez

leur histoire : dans le Pacifique sud, la Communauté alimentaire de l'île de Pohnpei, promeut maintenant les avantages pour la santé des variétés locales d'aliments après avoir découvert que les aliments industriels bon marché importés étaient à l'origine de problèmes de santé. Bioversity International *(www.bioversityinternational.org)* en Uganda, nous a aidé à montrer comment les bananes sont à la base de la sécurité alimentaire et économique dans le pays.

Le transporteur de bananes et la seconde hutte racontent l'histoire de la banane qui arrive sur nos côtes: la variété Cavendish. Celle-ci peut provenir de grandes plantations (comme celles d'Amérique latine, habituellement la propriété de grandes sociétés) ou de petites exploitations (comme celles des Antilles, principalement la propriété d'agriculteurs locaux). Un grand nombre est maintenant issu de la culture biologique et/ou du commerce équitable, en particulier celles provenant des petites exploitations. Regardez bien l'étiquette avant de faire votre choix.

Fruits tropicaux H.17

L'açaï est un des derniers à faire son apparition sur nos étagères sous forme de jus de fruit, et il est excellent pour la santé. Certains fruits tropicaux offrent un revenu aux petits exploitants et permettent de maintenir les communautés rurales. Les coopératives et associations d'exportateurs peuvent prévenir l'exclusion du marché des petits exploitants par les grandes entreprises. Ne ratez pas le jaboticaba à droite du chemin : il n'est pas encore en magasin!

Bambou H.18

L'or vert: utilisé par la moitié de la population mondiale pour fabriquer des habitations, du mobilier, du carburant, des médicaments, comme alimentation, ou pour faire de la musique, construire des échafaudages et des ponts suspendus. Ses tubes creux sont robustes mais légers. Au sein de ce matériau résident des fibres courtes et résistantes

dans une matrice souple: l'équivalent naturel de la fibre de verre. Lorsque la Colombie a subi un tremblement de terre, des lotissements entiers construits en béton se sont effondrés entraînant la mort de la quasi-totalité des 500 personnes décédées. Après ces quelques minutes meur-trières, les maisons en bambou étaient encore debout. Notre maison a été construite avec l'aide de l'association Housings and Hazards, qui rassemble des compétences pour le développement de maisons abordables et à faible impact pour les communautés rurales précaires.

Biocarburants tropicaux H.19

Sous les tropiques, on étudie les possibilités offertes par le jatropha, l'huile de palme, le soja et la canne à sucre pour la fabrication de bioéthanol et biodiesel. Ces récoltes pourraient être plus durables que les carburants fossiles, supporter les populations locales et/ou bénéficier la décentralisation des moyens de production d'énergie. Cependant, il peut y avoir des inconvénients dont la destruction des forêts tropicales pour la culture des biocarburants, les coûts du transport dans le monde entier si le prix baisse et/ou leur culture de préférence à la culture de produits alimentaires – réduisant la sécurité alimentaire et provoquant l'augmentation des prix.

Ananas H.20

L'ananas permet de produire de l'alcool, du tissu pina (plus fin que la soie), des bougies, des aliments pour animaux et des médicaments en plus de nos morceaux et de nos anneaux en boîte. Ils tendent à être produits sur des exploitations immenses avec un fort apport de fertilisants et pesticides. Les techniques biologiques et la technologie OGM sont en cours d'étude pour réduire ces apports chimiques. La production d'ananas issus du commerce équitable est également en augmentation.

Épices H.21

Les épices sont bon marché de nos jours. Autrefois, elles coûtaient leur poids en or et ont influencé la répartition du monde tel que nous le connaissons aujourd'hui. La muscade était censée guérir de la peste bubonique. Pourtant, vers le milieu du XIVe, c'est le long de la route des épices d'Asie centrale que la Peste noire s'est propagée jusqu'en Europe. Elle a causé la mort d'un tiers de la population en cinq ans. Les Arabes ont monopolisé le commerce des épices vers l'ouest par la terre jusqu'au XVe siècle. On racontait des histoires aux européens pour éloigner les marchands – que les Arabes pêchaient les épices au clair de lune et que la cannelle provenait des nids d'oiseaux féroces.

Cajou H.22

Les cajoutiers produisent des noix au bout de trois ans et peuvent vivre une cinquantaine d'années. Les graines, suspendues sous le fruit, contiennent les noix et la coque permet de fabriquer de la liqueur de cajou (CNSL). Pourquoi les noix de cajou coûtent-elles si cher ? La préparation qui comprend le rôtissage, l'ouverture et le nettoyage des noix est laborieuse et la liqueur est fortement corrosive. Traditionnellement utilisée pour traiter les teignes et les verrues, la CNSL peut maintenant être aussi utilisée à la place de certaines résines issues de carburants fossiles dans la fabrication d'émail résistant à la chaleur, de plaquettes de freins et de biocomposites (fibres végétales dans de la résine).

La vie dans les cimes des arbres H.23

40% de tous les organismes terrestres vivent dans les cimes des arbres !

'Nous avons le devoir d'espérer'
Barbara Ward, 1964

1ère édition en 2001 par Eden Project Books, une division de Transworld Publishers

9ème édition révisée en 2009

Texte et graphiques © The Eden Project/Transworld Publishers 2009

Articles de Dr Jo Elworthy assistée de l'équipe Eden

Transworld Publishers, 61– 63 Uxbridge Road, Londres W5 5SA, Royaume-Uni, une division de Random House Group Ltd

www.booksattransworld.co.uk/eden

ISBN 978-0-95622133-9

Rédaction : Mike Petty   Graphisme : Charlie Webster   Imprimé en Grande Bretagne

Couverture : Eden Graphics   Traduction: Atlantic Language Services

Mixed Sources
Product group from well-managed
forests and other controlled sources
www.fsc.org Cert no. SA-COC-001816
© 1996 Forest Stewardship Council

Eden Project est la propriété de l'Eden Trust, association à but non-lucratif immatriculée sous le N° 1093070 et tous les fonds recueillis sont utilisés pour la poursuite des objectifs caritatifs.

Eden Project, Bodelva, St Austell, Cornwall PL24 2SG Royaume-Uni

Tél. : +44 (0)1726 811911   Fax : +44 (0)1726 811912

www.edenproject.com